EL PASEO EN BICICLETA

Antón Castro, Josema Carrasco

Colección Olifante Moncayo
Fundada y dirigida desde 2018 por Trinidad Ruiz Marcellán

*Edición conmemorativa del XLV Aniversario
de la creación de OLIFANTE. Ediciones de Poesía*

El paseo en bicicleta
Antón Castro y Josema Carrasco

Este libro ha sido publicado con la ayuda del Departamento de Presidencia,
Interior y Cultura del Gobierno de Aragón

© de la presente edición: OLIFANTE. Ediciones de Poesía
Editado por OLIFANTE. EDICIONES DE POESÍA
Colección OLIFANTE MONCAYO
Diseño de la colección: Ricardo Calero

Guion: Antón Castro
Ilustración: Josema Carrasco

Reservados todos los derechos
I.S.B.N.: 978-84-127338-9-1
Depósito Legal: Z 443-2024

Impreso en España por
COMETA, S.A. Carretera de Castellón, km 3,400. 50013 Zaragoza
PRINTED IN SPAIN

A Carmen Gascón Brumós. Por estos cuarenta años
de compañía y de abundantes daños colaterales.
Antón Castro

A Carolina Giménez y a Daría Carrasco.
Por el coraje de vivir y por su amor incondicional.
Josema Carrasco

PRÓLOGO

La bicicleta todavía ocupa un capítulo muy breve en la historia de la humanidad. Apenas lleva un siglo y medio con nosotros. Algunos pensarán que es poco tiempo para hacerse un hueco en la literatura. Sin embargo, el tren, el coche y el avión tienen pocas décadas de diferencia con la bici y su presencia es sobresaliente en los libros de los últimos cien años. Por no hablar del cine, donde cada uno de esos medios de transporte se puede decir que cuenta con un género específico. Por cierto: también en el cine la presencia de la bici es anecdótica. Aparece en muchas películas, pero es raro que protagonice alguna. Algún especialista tendrá que analizar el porqué de esa clamorosa ausencia de un vehículo cuya presencia social es apabullante, pues son pocos los hogares donde no hay al menos una bici.

Aquí sólo se quiere reseñar que este libro redime a la bicicleta de tanto olvido literario, y lo hace con una belleza y una emoción que pedalean juntas desde la primera a la última página.

Antón Castro nació pocos días después de que Bahamontes ganara el Tour de Francia y pertenece a una generación que veía a sus padres volver del trabajo en bicicleta. La misma generación que solía tener en la bici el gran mito a conquistar como regalo de Reyes. Algo de todo eso hay en este libro: el esfuerzo, la competición, la familia, la infancia, los sueños. Pero hay mucho más: hay sensualidad y melancolía, hay amor y paisaje, hay vidas singulares y muertes tan comunes como lo es cualquier muerte en sus múltiples variantes. Hay hombres cuyos apellidos siempre asociamos con una bicicleta: Contador, Merckx, Ocaña, Fignon, Delgado, y otros que se llaman Horacio Quiroga, Jacques Tati, Ramón Acín o Pierre Curie que asociábamos con la ciencia o el arte hasta leer este libro, por el que quedarán para siempre unidos a un sillín y un manillar.

Hay mujeres enigmáticas, mujeres deseadas y mujeres lujuriosas, pero sobre todo hay una mujer, a la que está dedicado el libro, que entraría en el capítulo de mujeres luminosas. La mujer real y perenne que hace decir al autor: «*Hay mujeres que beben toda la luz del mundo / y la concentran en la mirada como un cielo limpio*».

También están aquí algunos de los textos más hermosos que le hayan dedicado nunca a la ciudad de Zaragoza. Y todo con la naturalidad, la frescura y la saludable intensidad de un agradable paseo en bicicleta.

Miguel Mena

EN RUTA

ALLÁ VOY, COMO ANTAÑO, **CONTENTO COMO EL NIÑO QUE FUI**, COMO EL NIÑO QUE DESAFIABA A SU PADRE Y MONTABA EN LA BICICLETA DE LOS GEMELOS DUBRA.

CADA NOCHE, CUANDO LE PEDÍA UNA, MI PADRE, QUE IBA EN BICICLETA AL TRABAJO Y AL MAR Y A LOS BOSQUES MELODIOSOS, ME DECÍA: *"¿PARA QUÉ QUIERES QUE TE COMPRE UNA BICICLETA? ¿PARA MATARTE?"*. Y YO, APENAS LE DECÍA: *"¿COMO TE MATAS TÚ A DIARIO O DE OTRA MANERA?"*

ME AFIRMO, PEDALADA A PEDALADA, SOBRE EL FIRME IRREGULAR, AMASADO CON ALQUITRÁN Y ARENILLAS COMO INSECTOS MILENARIOS. SUEÑO DESPIERTO Y A LA VEZ ME FIJO EN TODO: EN LOS JARDINES, EN LAS PISCINAS, LENGUAS DE MAR PORTÁTIL ENTRE LOS CAMPOS, EN LA ENRAMADA DE FLORES DE FUEGO, EN LAS ACEQUIAS QUE DIBUJAN EL LABERINTO DEL AGUA.

AQUÍ ESTOY, ÁLAMOS DEL CAMINO, CAÑAS, TRIGALES Y CENTENOS MECIDOS, HIGUERAS Y ALBÉRCHIGOS. AHÍ VOY, COMO LA CENTELLA, AL GALOPE, COMO UN ALAZÁN DE PLATA. ALLÁ VOY CON LA CERTEZA DE QUE LA META ESTÁ CERCA O MUY LEJOS: SOBRE MI PIEL O ENTERRADA EN UN MISTERIOSO CUARTO DE MI SANGRE.

ALLÁ VOY Y A MÍ MISMO ME PERSIGO.

EL PESCADOR Y SU HIJO

PARA VÍCTOR M. JUAN Y SU HIJO GUILLERMO.

AHÍ ESTABAN LOS DOS, PADRE E HIJO, A ORILLAS DEL CANAL. HABÍAN DEJADO LAS BICICLETAS BAJO LA HIGUERA Y LLEVABAN UNA GORRA, UN SOMBRERO, LA CÁMARA FOTOGRÁFICA Y UNA MOCHILA CON AGUA, CUADERNOS Y BOCADILLOS.

EL SOL TENÍA LA DUREZA DEL NAIPE Y SE DESMIGAJABA COMO UN PULPO DE ORO SOBRE LA CORRIENTE Y ENTRE LA FRONDA. PADRE E HIJO ESTABAN SENTADOS, ABSORTOS EN EL AGUA.

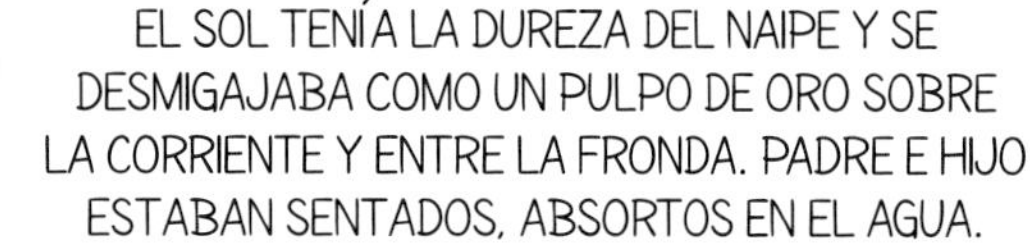

DE GOLPE, UNA CARPA PICÓ EN LA CAÑA DEL CHICO. Y LUEGO OTRA, Y UNA TERCERA, Y HASTA UNA CUARTA.

PLATEADAS TODAS, NERVIOSAS, SE ESTREMECÍAN CON UNA SACUDIDA DESDE LA COLA HASTA LA BOCA VISCOSA. COMO SI RECIBIESEN LA DESCARGA DE UN RAYO O UN TEMBLOR DE TIERRA EN TODO SU ESPINAZO.

EL PADRE MIRABA AL HIJO EMBELESADO, Y DE VEZ EN CUANDO LE ENSEÑABA A QUITARLE EL ANZUELO AL PEZ. *"NO TE PREOCUPES. NO LE HAREMOS DAÑO Y QUIÉN SABE SI VOLVERÁ A COMER"*.

EL PADRE HABÍA SIDO PESCADOR DE NIÑO Y EN LA ADOLESCENCIA Y EN SU JUVENTUD: MÁS QUE LOS PECES LE IMPORTABAN EL SOSIEGO DEL MEDIODÍA, LA TERTULIA, EL SABOR DE LAS CONFIDENCIAS, LA LENTA CONSTRUCCIÓN DE UN PARAÍSO DE AGUA Y SILENCIO PARA LOS DOS.

EL PADRE LE DIJO AL JOVEN: "MAÑANA TENGO QUE HABLAR DE RAMÓN ACÍN, EL ESCULTOR, EL PINTOR, EL PROFESOR, EN SU CIUDAD. EN HUESCA. DIRÉ CUATRO O CINCO COSAS:

RAMÓN ACÍN TUVO UN PERRO QUE SE LLAMABA TOBI.

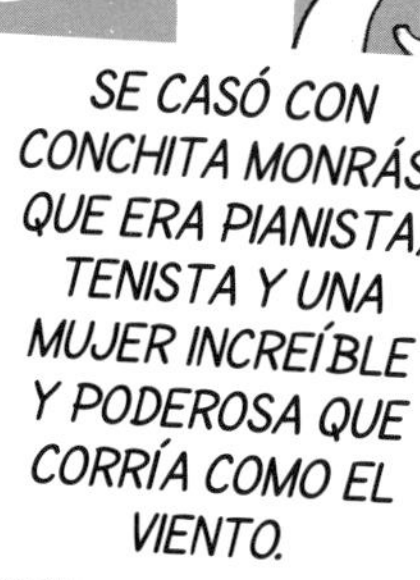

SE CASÓ CON CONCHITA MONRÁS, QUE ERA PIANISTA, TENISTA Y UNA MUJER INCREÍBLE Y PODEROSA QUE CORRÍA COMO EL VIENTO.

CONCHITA Y RAMÓN TUVIERON DOS HIJAS: KATIA Y SOL.

RAMÓN LES HIZO UNA JAULA QUE TENÍA MÚSICA Y UN CUENTO DE HADAS.

RAMÓN ACÍN FUE EL ARTISTA QUE CONCIBIÓ Y CONSTRUYÓ 'LAS PAJARITAS' PARA EL PARQUE, EN EL VIEJO JARDÍN DE LASTANOSA.

UNA
GRAN
LIBRE
DE

ERA UN HOMBRE BUENO. UN DÍA SE DESATARON LA GUERRA Y LOS PERROS HAMBRIENTOS DEL ODIO, Y SUS BUENOS VECINOS DE HUESCA LO ATRAPARON Y LO FUSILARON EN EL CEMENTERIO".

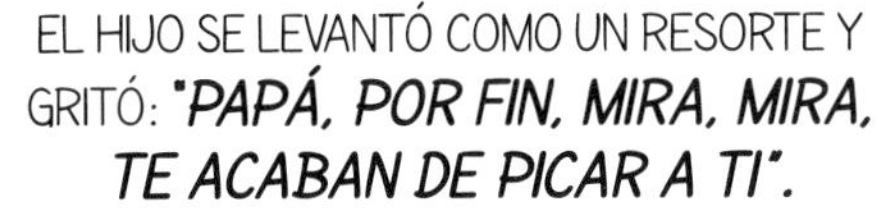

EL HIJO SE LEVANTÓ COMO UN RESORTE Y GRITÓ: "PAPÁ, POR FIN, MIRA, MIRA, TE ACABAN DE PICAR A TI".

EL PADRE RECOGIÓ EL SEDAL Y VIO CÓMO DEL ANZUELO PENDÍA UNA CARPA. LA SACÓ, LA MIRÓ ENSIMISMADO,

LE QUITÓ EL ANZUELO CUIDADOSAMENTE Y LA ARROJÓ AL CANAL.

UN CICLISTA QUE PASABA LE GRITÓ: "¡VIVA LA LIBERTAD!"

MI PADRE, EL VIAJE Y EL MIEDO

MI PRIMER RECUERDO: **VOY CON MI PADRE EN SU BICICLETA.** ES UNA TARDE APACIBLE Y SIN LLOVIZNA.

OIGO EL RUMOROSO CANTAR DE LOS BOSQUES Y NOTO LA AGITACIÓN DE SU CORAZÓN. TENGO MIEDO EN LAS CURVAS Y EN LOS BACHES A CAERME EN LA CUNETA.

Y A LA VEZ ESTOY FELIZ: *AGÁRRATE FUERTE, AGÁRRATE A MÍ, AGÁRRATE BIEN QUE LLEGAMOS PRONTO,* DICE MI PADRE.

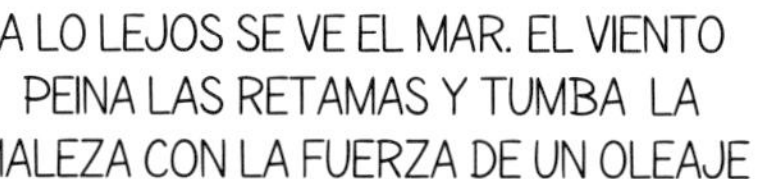

A LO LEJOS SE VE EL MAR. EL VIENTO PEINA LAS RETAMAS Y TUMBA LA MALEZA CON LA FUERZA DE UN OLEAJE

LUEGO TODO ES CONFUSO. Y DOLOROSO. LA CASA DE MI ABUELO ME PARECIÓ GIGANTESCA, UN CASERÓN CON HUERTO, JARDÍN, DOS ESTABLOS Y UN HÓRREO.
DE GOLPE, OIGO VOCES, DISCUSIONES, PERCIBO UNA FURIA INAUDITA. RABIA.

AQUEL HOMBRE NO PUEDE SER MI ABUELO. ME ECHO A LLORAR. ME ABRAZO A MI PADRE. NADIE ME CONSUELA.

Y LOS GRITOS SE ELEVAN POR LOS AIRES, MÁS ALLÁ DE LA CHIMENEA, CON EL ESTRUENDO DE UN VENDAVAL.

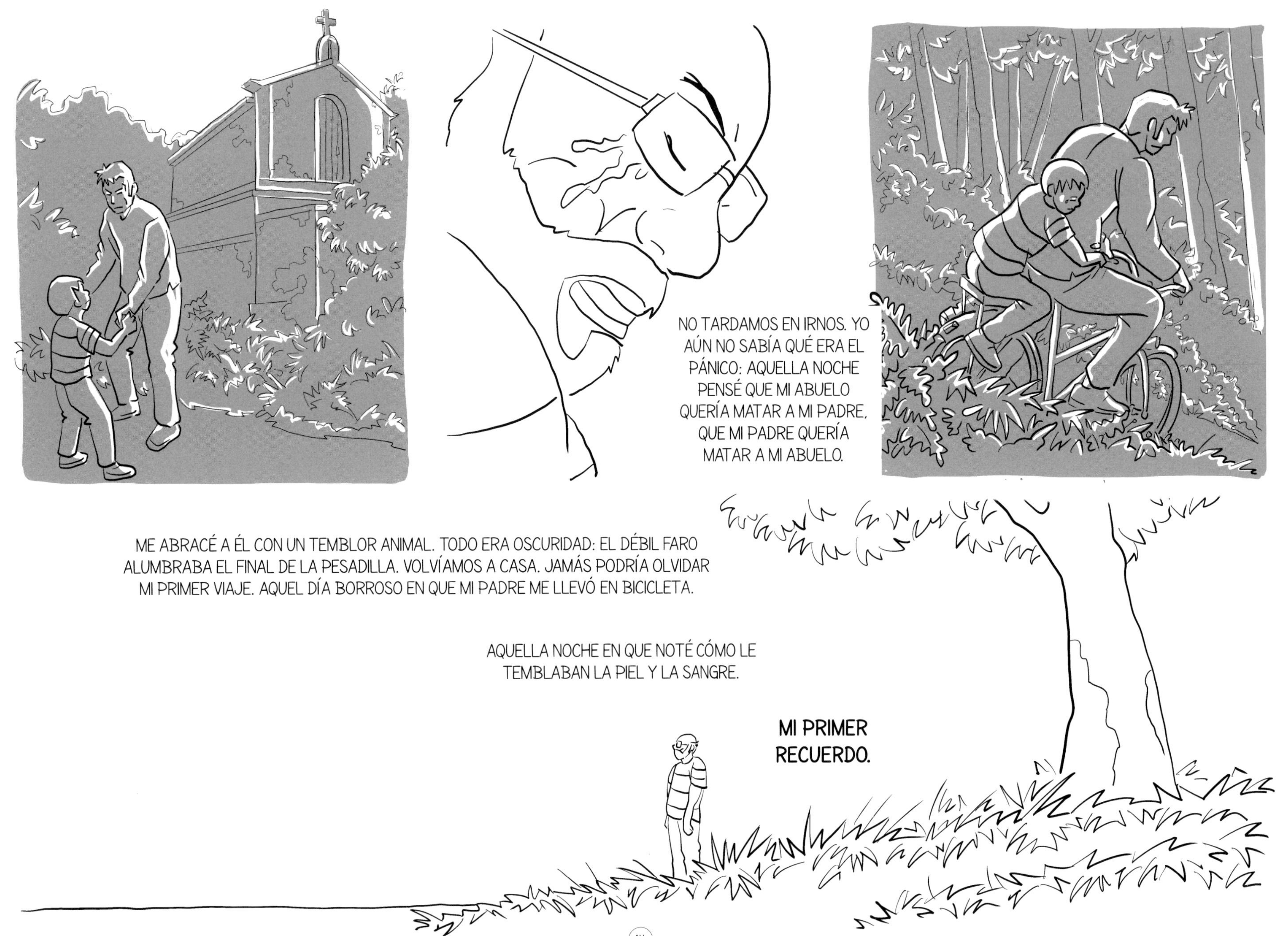

NO TARDAMOS EN IRNOS. YO AÚN NO SABÍA QUÉ ERA EL PÁNICO: AQUELLA NOCHE PENSÉ QUE MI ABUELO QUERÍA MATAR A MI PADRE, QUE MI PADRE QUERÍA MATAR A MI ABUELO.
ME ABRACÉ A ÉL CON UN TEMBLOR ANIMAL. TODO ERA OSCURIDAD: EL DÉBIL FARO ALUMBRABA EL FINAL DE LA PESADILLA. VOLVÍAMOS A CASA. JAMÁS PODRÍA OLVIDAR MI PRIMER VIAJE. AQUEL DÍA BORROSO EN QUE MI PADRE ME LLEVÓ EN BICICLETA.
AQUELLA NOCHE EN QUE NOTÉ CÓMO LE TEMBLABAN LA PIEL Y LA SANGRE.
MI PRIMER RECUERDO.

AVITUALLAMIENTO I

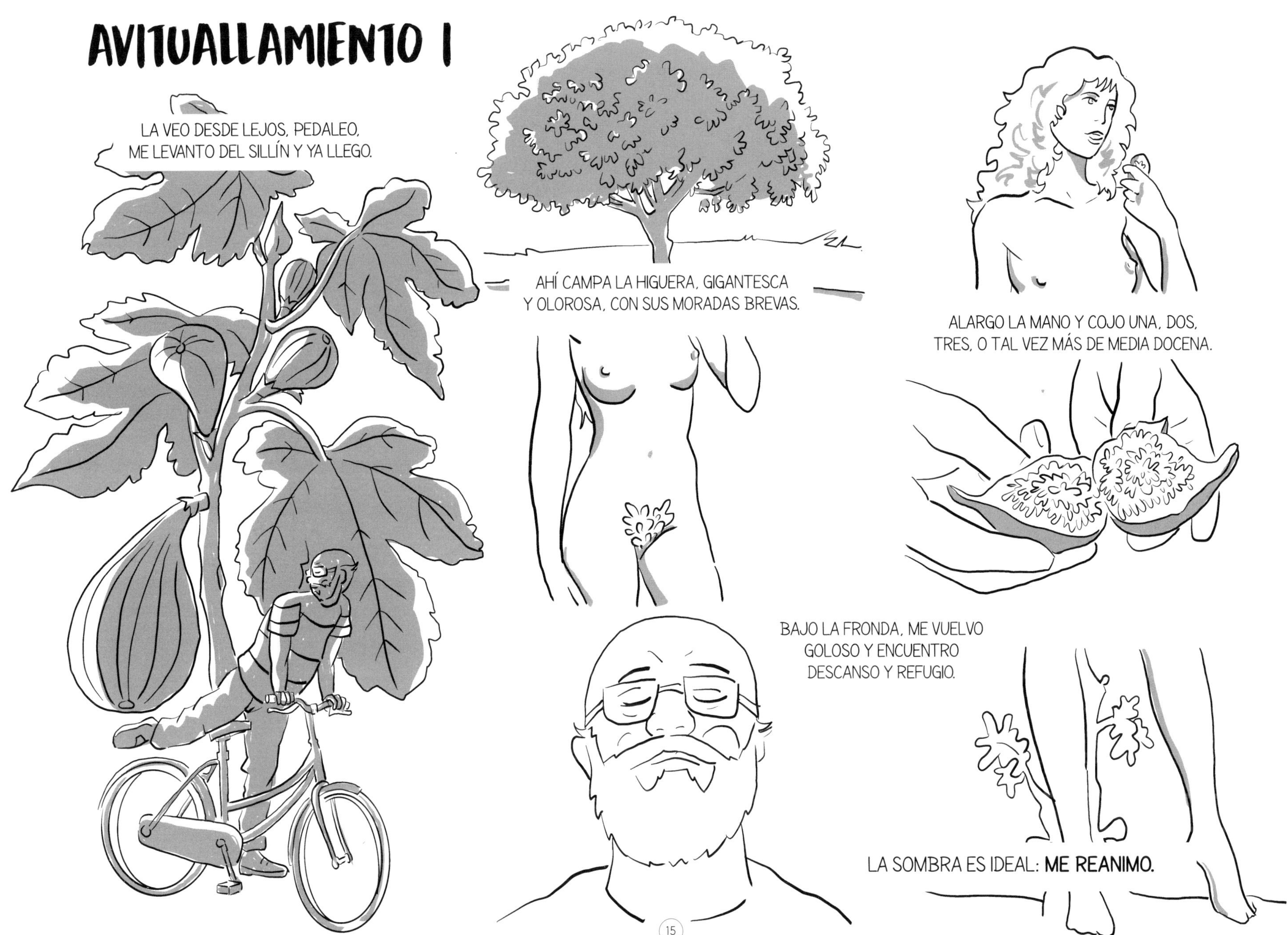

ENVOLVENTE, UN PARAGUAS DE RAMAJE ME CUBRE Y ALIVIA MI RESPIRACIÓN.
SE ME ESCABULLE LA MIEL DE LAS HIGAS POR LAS MANOS Y DENTRO DE MI BOCA.
TRAS LA CUESTA, SE ESTÁ TAN BIEN AQUÍ. LA BICICLETA BRILLA EN LA PENUMBRA.

UNA CASA EN VENTA

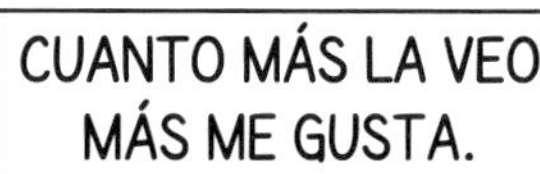

UN DÍA VINO ÉL SOLO, SALVADOR, UN HOMBRE JOVEN QUE HABÍA NAVEGADO EN LOS BARCOS Y QUE HABÍA SIDO COMERCIANTE DE VINOS EN MEDIO MUNDO.

SE PUSO EL MONO AZUL DE TRABAJO Y EMPEZÓ A ACOTAR LOS ESPACIOS: VALLÓ TODO EL TERRENO, PLANTÓ ÁRBOLES, CASI TODOS LOS ÁRBOLES, Y SEMBRÓ UN SINFÍN DE PLANTAS DE TODOS LOS COLORES Y LOS OLORES. NO TARDARON EN ENTRAR ALGUNAS MÁQUINAS: POCO A POCO SE FUERON HACIENDO LAS CIMENTACIONES, Y LA CASA EMPEZABA A TOMAR CUERPO.

HUBO UN MOMENTO, UNA VEZ QUE EL ESQUELETO ADQUIRIÓ ENVERGADURA Y EMPEZÓ A SUGERIR UNA ESPECIAL FORMA DE BELLEZA, EN QUE SALVADOR PARECÍA TRABAJAR DÍA Y NOCHE CASI OBSESIVAMENTE.

UN DÍA APARECIÓ ELLA, CLARA, COMO UNA VISITA CASI CIRCUNSTANCIAL. VOLVIÓ VARIAS VECES MÁS, HASTA QUE EMPEZÓ A VENIR TODOS LOS VIERNES, HACIA LAS OCHO DE LA NOCHE.

ELLA RESULTABA MÁS ATRACTIVA QUE BELLA, MODERNA, TAL VEZ SOÑADORA. Y AFANOSA EN EL JARDÍN Y EN LA CONSTRUCCIÓN DE LA CASA, EMBUTIDA TAMBIÉN EN OTRO MONO AZUL.

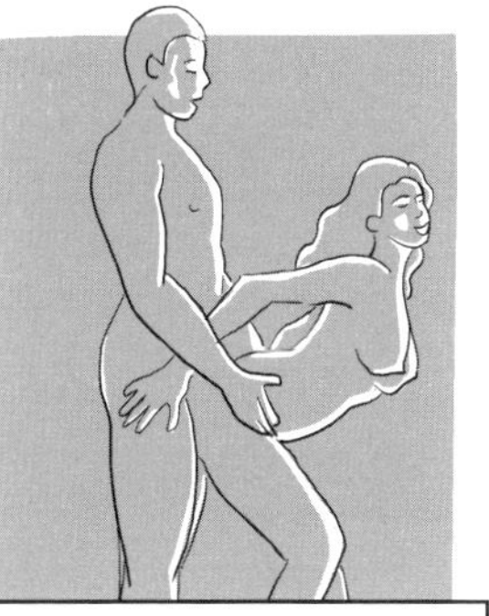

AL PRINCIPIO ME ASUSTÉ: NO HABÍA OÍDO NADA IGUAL. UN CONCIERTO HUMANO DE QUEJIDOS, DE SUSURROS, DE ALARIDOS, DE PALABRAS QUE NO SÉ SI ERAN OBSCENAS O ARDIENTES COMO LOS CUERPOS.
UN TEMBLOR EXASPERADO Y DULCE QUE SE CONTAGIABA. SE AMABAN EN CUALQUIER SITIO: CUANDO ASOMABA LA MEDIANOCHE BAJO LAS HIGUERAS,

CERCA DE LAS SALVIAS Y DE LA PISCINA, EN EL PORCHE, EN LAS GALERÍAS DE ARRIBA CON VISTAS AL CANAL Y A LAS CANTERAS. SI LOS VEÍAMOS AL DÍA SIGUIENTE,

CUANDO VENÍA EL REPARTIDOR DEL PAN O CUANDO PODÁBAMOS LOS PARRALES O LOS SETOS, ELLOS COMO SI NADA. SE COMPORTABAN CON ABSOLUTA NATURALIDAD,

COMO SI NOSOTROS, MI MARIDO Y YO, TAN MAYORES YA, NO ESTUVIÉRAMOS EN EL SECRETO.

ELLA ERA DULCE, DECIDIDA, YO DIRÍA QUE HASTA MELANCÓLICA, DE UNA INAGOTABLE SENSUALIDAD.

ALGUNAS VECES, CUANDO SE ENCONTRABAN EN LA HAMACA COLGADA ENTRE DOS PINOS, ME QUEDABA A CONTEMPLAR LA ESCENA: IMAGINABA QUÉ OCURRÍA, IMAGINABA LAS CARICIAS, LOS BESOS, LOS CUERPOS QUE SE OFRECEN EN EL MEJOR DESNUDO A LA LUZ DEL PLENILUNIO.
ELLOS HABÍAN TRAÍDO UN EDÉN EXTRANJERO A NUESTRAS VIDAS. UNO SE OLVIDA DE CÓMO GIME CUANDO AMA.

ALGÚN TIEMPO DESPUÉS CREÍ OÍR OTROS SONIDOS NUEVOS. DE OTRA EXCITACIÓN.

DE UNA CÓLERA NUEVA. POCO A POCO, VI CÓMO ELLA DEJABA DE VENIR. O LO HACÍA TAN SOLO UNA VEZ AL MES,

HASTA QUE NOS PERCATAMOS DE QUE YA NO ACUDÍA. SALVADOR SIGUIÓ HACIENDO COSAS: CULMINÓ LA BARBACOA Y UN VELADOR QUE SE IBA CUBRIENDO DE HIEDRAS, COLOCÓ UN PAR DE MESAS CERCA DE LA PISCINA E INCLUSO UNA DUCHA BAJO LOS OLIVOS. ILUMINÓ MEJOR EL PORCHE.

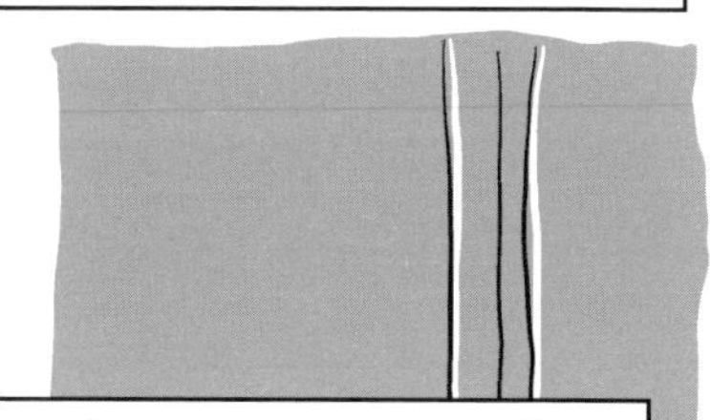

HACE DOS O TRES MESES, SALVADOR COLGÓ EL CARTEL Y LLAMÓ A NUESTRA PUERTA. "LES DEJO LAS LLAVES Y MI TELÉFONO. SI ALGUIEN QUISIERA VERLA, LES AGRADECERÉ QUE SE LA ENSEÑEN. ME URGE VENDERLA".

SE VENDE

PERO ÉL TAMBIÉN INTERRUMPIÓ SUS VISITAS. LA CASA SE VOLVIÓ MUDA, FANTASMAL: EN LAS NOCHES DE CIERZO OÍAMOS EL LAMENTO DE LOS PINOS, EL MURMULLO DE LAS FLORES SIN DUEÑO. NUESTRA EXISTENCIA TAMBIÉN SE HIZO ALGO MÁS VULGAR.

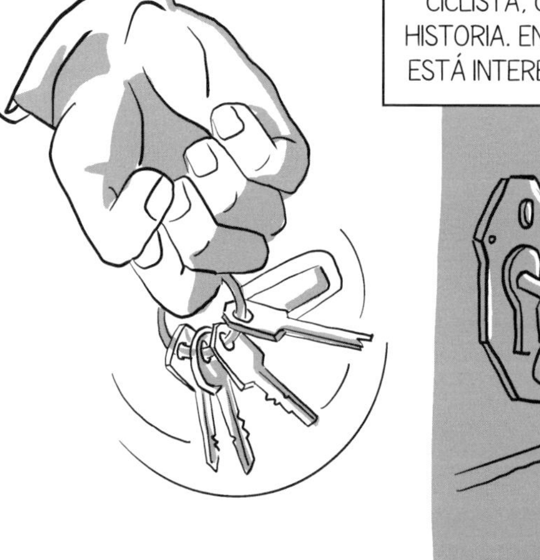
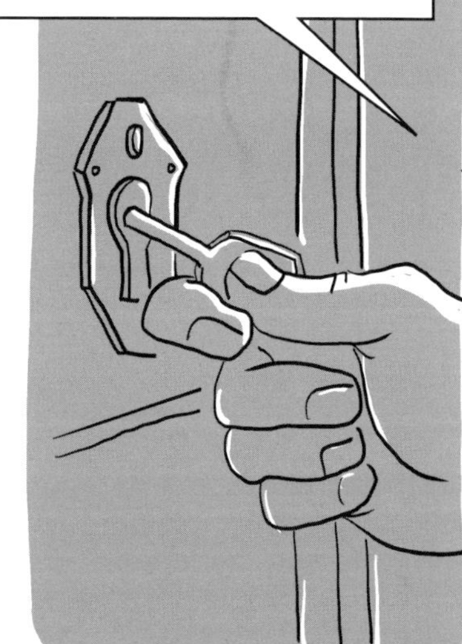

NO SÉ SI HE HECHO BIEN, SEÑOR CICLISTA, CONTÁNDOLE ESTA HISTORIA. EN CUALQUIER CASO, SI ESTÁ INTERESADO EN LA CASA…

EL RAPSODA
A LUIS FELIPE ALEGRE.

ÉL ERA EL RAPSODA, EL HOMBRE QUE DECÍA VERSOS POR LAS CALLES, EN LAS TABERNAS, EN LAS ESQUINAS DEL CIERZO. ÉL ERA EL AMENO TROVADOR QUE SIEMPRE LLEVABA UNA ESTROFA EN LOS LABIOS Y UN POEMA MANUSCRITO EN LOS BOLSILLOS.

SIEMPRE TENÍA UNO DE ÁNGEL GUINDA, DE ROSENDO TELLO O DE JULIO ANTONIO GÓMEZ: SOLÍA DECIR QUE LOS VERSOS DE AMOR MÁS BELLOS LOS HABÍA ENCONTRADO EN ACERCA DE LAS TRAMPAS DEL 'GORDO' GÓMEZ, POETA, EDITOR, FOTÓGRAFO CON LABORATORIO EN TÁNGER Y NOCTÁMBULO.

SALÍAMOS A INDEPENDENCIA E INICIÁBAMOS UNA ESPECIE DE DUELO.

EMPEZABA ÉL: "LAS VENAS CON POCA SANGRE, LOS OJOS CON MUCHA NOCHE". GÓNGORA. SEGUÍA YO: "EL DÍA SE VA DESPACIO, LA TARDE COLGADA A UN HOMBRO, DANDO UNA LARGA TORERA SOBRE EL MAR Y LOS ARROYOS". SÍ, ERA DE LORCA.
ÉL INSISTÍA CON WALT WHITMAN. YO CON MIGUEL HERNÁNDEZ. ÉL HALLABA UNA IMAGEN INESPERADA DE CÉSAR VALLEJO O EN LA POESÍA VERTICAL DE ROBERTO JUARROZ.
YO ECHABA MANO DE LA CARTA-POEMA FINAL DE ALFONSINA STORNI O DE UNA COMPOSICIÓN DE VICENTE ALEIXANDRE - "SE QUERÍAN EN UN LECHO NAVÍO, MITAD NOCHE, MITAD LUZ"-
, Y ASÍ HASTA QUE LLEGABA LA MADRUGADA Y UN SILENCIO SEPULCRAL DE VERANO SIN NADIE. DURANTE UN BUEN RATO, SEGUÍA LA MEMORIA BUSCANDO PALABRAS BONITAS, JUEGOS DE LUZ, PUÑALES DE LUCIDEZ CONTRA LA OSCURIDAD DEL TIEMPO.
ESA ESCENA SE REPETÍA CASI TODAS LAS MADRUGADAS DE AQUEL ESTÍO DE 1978, Y LUEGO EN EL OTOÑO, Y DESPUÉS EN EL INVIERNO, QUE AQUEL AÑO TRAJO UNA GRAN NEVADA Y ENTERRÓ MI BICICLETA DE PASEO HASTA EL SILLÍN EN LA PLAZA DEL PORTILLO. CONSERVO UNA FOTO INDECISA DE ESA ESTAMPA.
INSUMISIÓN
MÁS TARDE, ME ENSEÑÓ VERSOS PARA RONDAR. Y PARA FIJAR LA ATENCIÓN DE AQUELLAS ACTRICES QUE IBAN DE ROJO Y QUERÍAN SER, EN LA VIDA Y EN EL TEATRO, LA SEÑORITA JULIA DE AUGUST STRINDBERG.

OTRO DÍA ME ROBÓ LA NOVIA. LO HACÍA A MENUDO: LA POESÍA, BARNIZADA DE MISTERIO, ES LA MEJOR ARMA DE SEDUCCIÓN.

Y ME DEJÓ A LA PUERTA DE UNA DE SUS MEJORES AMIGAS CON UNA CANCIÓN EN LA BOCA, CON UNA CANCIÓN HECHA ROMANCE: EL ROMANCE DEL PRISIONERO: *"QUE POR MAYO ERA, POR MAYO, / CUANDO HACE LA CALOR..."*

ME ACOSTUMBRÉ A SENTARME EN EL ALFÉIZAR DE LA VENTANA DE SU VECINA. UN DÍA LE DIJE: **"NO ME DEBES NINGUNA EXPLICACIÓN. ESTOY BIEN AQUÍ".**

POCO DESPUÉS, TRAS LA CORTINA, SE ASOMABA UNA MUJER DE INTERMINABLE MELENA, CASI EN PIJAMA O CON UN PICARDÍAS DE RASO, AQUELLA COMPAÑERA DESDE LA NIÑEZ QUE PREPARABA UN EXAMEN DE MEDICINA...

EL RAPSODA LE OFRECIÓ SU MEJOR SONRISA. Y A MÍ ME EXTENDIÓ UN VERSO MANUSCRITO: *"CUANDO PASEN LOS AVIONES POR EL CIELO AZUL / TE SEGUIRÉ QUERIENDO".*

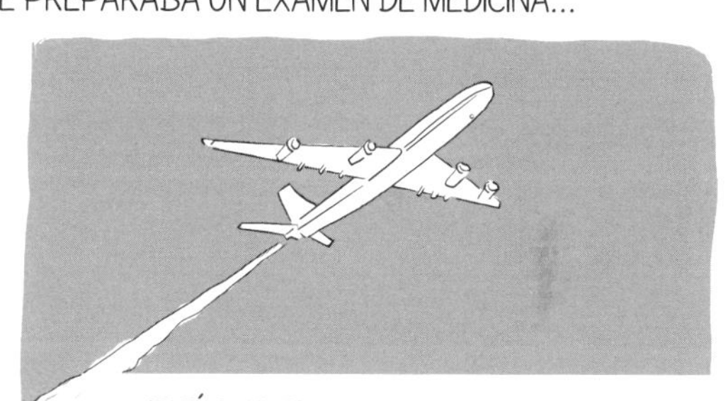

CREÍ QUE ERA UNA FORMA DE SELLAR UNA DIFÍCIL AMISTAD. AQUEL VERSO DE **ÁNGEL GUINDA** ERA DE LOS QUE MEJOR LE SALÍAN EN CUALQUIER RECITAL.

PEDALEAR PARA VER

NO SÉ SI TENGO RUMBO FIJO CUANDO SALGO A LA CARRETERA. NO SÉ MUY BIEN QUÉ BUSCO NI POR QUÉ PEDALEO: ME DEJO IR POR AQUÍ Y POR ALLÁ POR CALZADAS DE FIRME IRREGULAR QUE SE EXTIENDEN Y SE CURVAN A LA ORILLA DEL CAMPO.

AVANZO Y RETROCEDO A LA VEZ: RECORRO KILÓMETROS, TRANSITO POR LLANOS Y HONDONADAS, ME ATREVO CON LAS CUESTAS, Y ASPIRO LOS DIVERSOS OLORES DEL HENO Y DE LA HUERTA, DE LOS CEREALES Y DE LOS MATORRALES FLORECIDOS.

Y A LA VEZ REGRESO A LOS LUGARES DE LA MEMORIA, A UNA EDAD INCIERTA EN QUE YO ME SENTÍA UN NIÑO DE ALDEA, UN PESCADOR EN EL RÍO Y UN INVESTIGADOR DE LAS ESTACIONES, TEMEROSO DE LA LLUVIA, DE LAS SENDAS Y DE LOS MAIZALES, **AQUELLOS MAIZALES QUE AFILABAN SUS PUÑALES EN EL TEMBLOR DEL AIRE.**

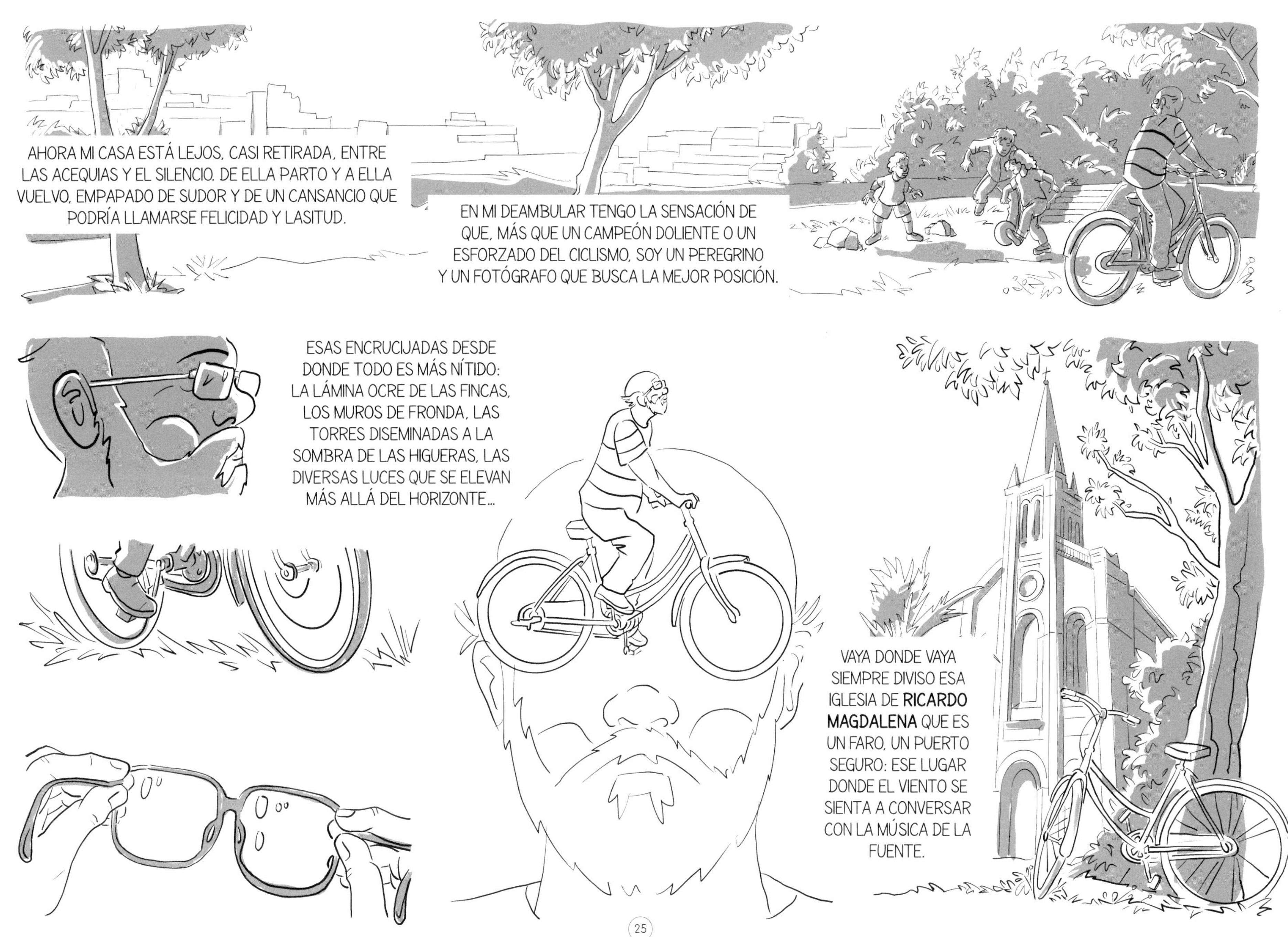

AHORA MI CASA ESTÁ LEJOS, CASI RETIRADA, ENTRE LAS ACEQUIAS Y EL SILENCIO. DE ELLA PARTO Y A ELLA VUELVO, EMPAPADO DE SUDOR Y DE UN CANSANCIO QUE PODRÍA LLAMARSE FELICIDAD Y LASITUD.

EN MI DEAMBULAR TENGO LA SENSACIÓN DE QUE, MÁS QUE UN CAMPEÓN DOLIENTE O UN ESFORZADO DEL CICLISMO, SOY UN PEREGRINO Y UN FOTÓGRAFO QUE BUSCA LA MEJOR POSICIÓN.

ESAS ENCRUCIJADAS DESDE DONDE TODO ES MÁS NÍTIDO: LA LÁMINA OCRE DE LAS FINCAS, LOS MUROS DE FRONDA, LAS TORRES DISEMINADAS A LA SOMBRA DE LAS HIGUERAS, LAS DIVERSAS LUCES QUE SE ELEVAN MÁS ALLÁ DEL HORIZONTE...

VAYA DONDE VAYA SIEMPRE DIVISO ESA IGLESIA DE RICARDO MAGDALENA QUE ES UN FARO, UN PUERTO SEGURO: ESE LUGAR DONDE EL VIENTO SE SIENTA A CONVERSAR CON LA MÚSICA DE LA FUENTE.

MARES DE MAÍZ

EL MAÍZ SIEMPRE ESTÁ AHÍ: ABSORBE LA LUZ DEL MUNDO. POSEE UNA ESPADA FILOSA Y VERDE EN SUS HOJAS QUE, AL BATIRSE EN DUELO CON EL AIRE, ENCIENDE UNA LETANÍA DE ACORDEÓN, UN RASGUEO IMPERCEPTIBLE DE METAL FINÍSIMO COMO SI EL PAISAJE ESGRIMIESE SUS PUÑALES.

EL MAÍZ, CASI ALTANERO, SE ELEVA SOBRE EL RESTO DE LAS PLANTAS CON SUS CRESTAS RUBIAS. EL MAÍZ, CON SU TALLO BAMBOLEANTE, AGITA LA ESPIGA QUE SE ABRE DE SÚBITO Y MUESTRA SUS BARBAS, FRÁGILES Y OSCURAS.

EL MAÍZ, A CUALQUIER HORA DEL DÍA, PARECE UN MAR Y SU OLEAJE: AHORA ESTÁ CALMO, SE DESMAYA Y SE AGOSTA BAJO EL SOL; AHORA SE ESTREMECE VIOLENTAMENTE COMO SI SE ROMPIERAN SUS ESPUMAS, COMO SI SUS CORRIENTES MARINAS CHOCASEN CON UN PROMONTORIO.

PASAS A SU LADO, TAN ARRIBA, CON ESA PANORÁMICA TAN DEFINITIVA DEL PASEANTE QUE PEDALEA, Y EL MAÍZ RESULTA EMBRIAGADOR: POR SU MOVIMIENTO, POR SUS FRAGANCIAS, POR SU ARMAZÓN DE BOSQUE QUE PUGNA Y PUGNA ENTRE FULGORES.

¡HAY TANTAS FINCAS DE MAÍZ AL ALCANCE DE LA VISTA! SIEMPRE ME PREGUNTO: ¿HABRÁ ALGUIEN AHÍ?
¿SERÁ CIERTO QUE, EN SU INTERIOR, ENTRE SUS ARMONIOSAS HILERAS, SE ESCONDEN LOS NIÑOS OCIOSOS, LOS ZORROS, UNA MUJER CON MOCHILA QUE HUYE DE SU CASA Y BUSCA UN REFUGIO PARA SU DESAMOR?
¿SERÁ VERDAD QUE UNA DIOSA DE ANTAÑO, O QUIZÁ UNA AMAZONA, CANTA A LA LUNA, PROTEGIDA POR SIETE SERPIENTES?
¡QUÉ TROPEL DE SENSACIONES! EL MAÍZ SE ELEVA, TIEMBLA, SE ENROSCA SOBRE SÍ MISMO, SE ENCHARCA Y SE COPIA EN LAS ACEQUIAS. EVOCA OTRO TIEMPO, QUIZÁ OTRA VIDA, UNA FELICIDAD LEJANA, LA AUSENCIA DE PRISA: LA ARCADIA SENCILLA DEL LABRADOR QUE DESAPARECE.

YO FUI UN NIÑO PERDIDO EN LA SOLEDAD DEL MAIZAL: ALLÍ, A RECAUDO DE TODO, SOÑABA, JUGABA CON LAS PIEDRAS Y CON LAS JUDÍAS, CONSTRUÍA LABERINTOS EN PENUMBRA.

HABÍA UN INSTANTE EN QUE MI MADRE PRONUNCIABA MI NOMBRE: GRITABA, REFUNFUÑABA, MALDECÍA: "¡NENO, NENOOO!".
JAMÁS HUBIERA DADO CONMIGO.

ERA LA HORA DE VOLVER, Y AL SALIR FUERA TENÍA LA SENSACIÓN DE QUE ABANDONABA EL OCÉANO Y SU ESTRÉPITO, SUS GRUTAS Y SUS GALERÍAS DE AGUA, LA CUEVA DE TODOS LOS TESOROS Y DE TODOS LOS DEMONIOS.
AHORA TAMBIÉN PERCIBO QUE ES LA HORA DE ANDAR Y DESANDAR ESTE INCESANTE MAR DE MAÍZ: ME DETENGO UN INSTANTE Y ME ACERCO COMO SI QUISIERA MOJARME LOS PIES EN UNA OLA, COMO SI QUISIERA LLAMAR A UNA PUERTA MISTERIOSA.

¡ABRIDME, FANTASMAS, DIOSES ANTIGUOS, SIERPES AZTECAS, ABRIDME, QUE QUIERO APACENTAR EN UN CLARO DE FRONDA TODOS MIS MIEDOS!

EL CARTERO DE JACQUES TATI

COMÍAMOS FRUTA: ALBARICOQUES, NÍSPEROS, MANZANAS, LAS ÚLTIMAS CEREZAS DE MAYO. CUANDO LLEGAMOS AL PANTANO, MI NOVIA BAJÓ DE SU BICICLETA Y GRITÓ: "ESTE ES NUESTRO DÍA DE FIESTA".
"EL NACIMIENTO DE VENUS" SANDRO BOTTICELLI
LA BESÉ VARIAS VECES, CLARO.
ME SENTÍA INSOPORTABLEMENTE FELIZ, POR MÍ Y POR ELLA Y PORQUE ERA NUESTRO PRIMER DOMINGO DE AMOR LEJOS DE LA CIUDAD: HABÍAMOS HECHO MUCHOS KILÓMETROS EN BICICLETA.
SE TENDIÓ SOBRE EL CÉSPED, CON SU INTERMINABLE CABELLO AL VIENTO Y LOS OJOS CHISPEANTES.
HAY MUJERES QUE BEBEN TODA LA LUZ DEL MUNDO Y LA CONCENTRAN EN LA MIRADA COMO UN CIELO LIMPIO.

SE ACOMODÓ SOBRE EL SUELO, COMO SOLÍA HACER EN EL PARQUE GRANDE BAJO LOS PINOS, Y ME CONFESÓ: "ES NUESTRO DÍA DE FIESTA. VAMOS A SER PADRES".

ME QUEDÉ ESTUPEFACTO, INCAPAZ DE ARTICULAR PALABRA.

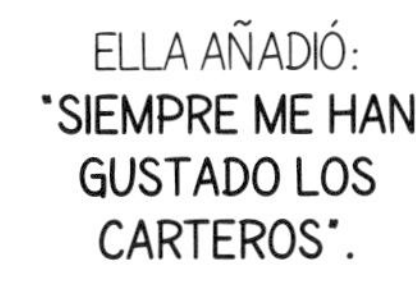

ELLA AÑADIÓ:
"SIEMPRE ME HAN GUSTADO LOS CARTEROS".

EL TOUR DE CASTILLA

A DAVID BARREIROS.

EN MI VIDA SIEMPRE HAY UN CICLISTA AL ACECHO.

Y NO SOLO EN LOS LUGARES MÁS CERCANOS, SINO EN OTROS QUE CONFORMAN LA RUTA DEL REGRESO: OSORNO, MELGAR DE FERNAMENTAL, CARRIÓN DE LOS CONDES O BELORADO.

DURANTE UNA TREINTENA DE AÑOS ESA HA SIDO MI RUTA DE LA SEDA.

EL CAMINO DE IDA Y VUELTA HACIA MIS ORÍGENES.

CADA VERANO VEÍA LOS CAMPOS INTERMINABLES, LA PUGNA ENTRE LOS CEREALES Y EL CIELO, LOS SILOS COMO FAROS SOLITARIOS, PERCIBÍA ESE CALOR AGOBIANTE E INVENCIBLE QUE PARECE OCULTAR UNA PLAGA DE CULEBRAS O DE SIERPES ENTRE LOS RASTROJOS.

DE NUEVO, HE VUELTO A ESA SENDA: HABÍA QUEDADO A MEDIO CAMINO CON MI HERMANO QUE TRAÍA A MI MADRE. FUE UN ENCUENTRO FUGAZ, DE POCOS MINUTOS.

YA DE REGRESO, PARAMOS UN INSTANTE A LA SALIDA DE OSORNO: EN UN CAMPO APACENTABAN CUATRO CABALLOS O CUATRO YEGUAS, DE COLORES DISTINTOS: BLANCO, NEGRO, PARDUSCO CASI OCRE, ALAZÁN...

SE BAJÓ Y LES HIZO DISTINTAS TOMAS. INVIRTIÓ CASI MEDIA HORA BAJO EL CASTELLANO SOL DEL DESIERTO.

MI COMPAÑERO DE VIAJE IBA DISPARANDO SU CÁMARA A TODO. CUANDO VIO LOS CABALLOS, NO TUVO QUE DECIRME NADA.

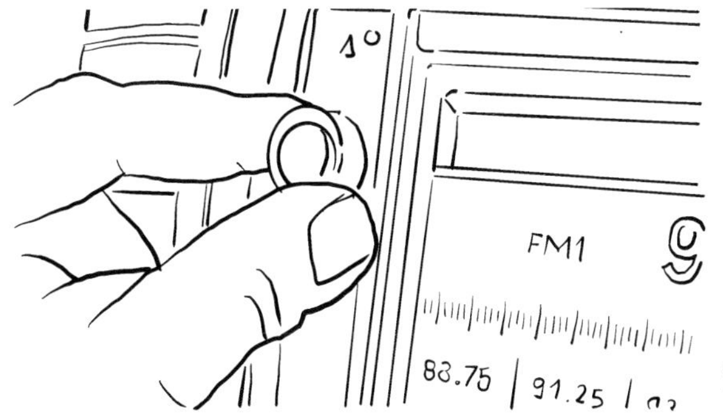

ERA UN DÍA IMPORTANTE: **ALBERTO CONTADOR** Y **ANDY SCHLECK** SE JUGABAN EL TOUR. TODO FAVORECÍA AL ESPAÑOL.

FUIMOS POR CARRETERAS SECUNDARIAS, PALENCIA SE ABRASABA DE DESNUDEZ Y DE LUMBRE, Y DE PEREGRINOS QUE PARTÍAN HACIA COMPOSTELA EN VÍSPERAS DEL DÍA SANTIAGO:

JULIO ES EL MES DE LA BICICLETA Y DE LOS PASEANTES INTRANQUILOS.

ANDY SCHLECK REVENTABA LOS PRONÓSTICOS: SALIÓ COMO UNA EXHALACIÓN, SE ACERCABA AL MAILLOT AMARILLO Y TODAS LAS PREVISIONES SALTABAN POR LOS AIRES.

EL COMENTARISTA APENAS TENÍA ARRESTOS PARA CONTARLO. NO DABA CRÉDITO A LOS ACONTECIMIENTOS. CASTILLA, ACHICHARRADA Y SOLA, TAMPOCO. LA EMOCIÓN REVERBERABA EN CONTINUOS ESPEJISMOS.

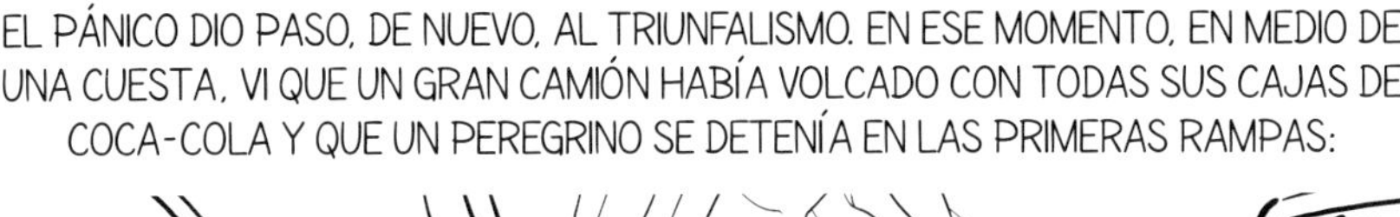

CUANDO FALTABAN APENAS DIEZ KILÓMETROS, EL LOCUTOR ENTRÓ EN UN ÉXTASIS DE ALIVIO. EL CICLISTA ESPAÑOL HABÍA RECOBRADO EL RITMO Y HABÍA RECUPERADO TIEMPO. DIEZ, DOCE, CATORCE SEGUNDOS, HASTA VEINTE. Y ALGUNOS MÁS EN LA META.

EL PÁNICO DIO PASO, DE NUEVO, AL TRIUNFALISMO. EN ESE MOMENTO, EN MEDIO DE UNA CUESTA, VI QUE UN GRAN CAMIÓN HABÍA VOLCADO CON TODAS SUS CAJAS DE COCA-COLA Y QUE UN PEREGRINO SE DETENÍA EN LAS PRIMERAS RAMPAS:

LA BICICLETA TAMBIÉN ERA SU CASA AMBULANTE CON VENTANAS, ALCOBAS Y ARMARIOS, Y ÉL NO TENÍA PRISA POR GANAR EL TOUR.

ROMANTICISMO

A JOSÉ LUIS MELERO Y A YOLANDA POLO.

LA VI AL MEDIODÍA, CUANDO EL SOL BORDABA GUIRNALDAS DE ORO SOBRE SU PELO ROJIZO. AVANZABA POR UN SENDERO, BAJO LOS PINOS, MUY CERCA DEL LAGO.

QUIZÁ HUBIERA SALIDO DE LA FACULTAD DE CIENCIAS.

SOMETHING IN THE WAY SHE MOVES ATTRACTS ME LIKE NO OTHER LOVER

SOMETHING IN THE WAY SHE WOOS ME

ME PARECIÓ LA MUJER DE UNA VISIÓN, UN ESPEJISMO DE BELLEZA CON UN LIBRO BAJO EL BRAZO, Y ME QUEDÉ UN INSTANTE CONTEMPLÁNDOLA: ESTUPEFACTO, ASOMBRADO POR SU ELEGANCIA. INTENTÉ PONER PALABRAS A MIS SENSACIONES Y NO ENCONTRABA EL VOCABLO JUSTO, NI UN ADJETIVO, NI UNA FRASE QUE HICIESE JUSTICIA A SUS PASOS, AL ARREBATO DE LUZ QUE LA DIBUJABA CON SUAVIDAD DE OLA, A SU PEDALEO ARMONIOSO.

I DON'T WANT TO LEAVE HER NOW
YOU KNOW I BELIEVE AND HOW

ME DOLÍA MIRARLA. LA SEGUÍ, DESDE LEJOS, COMO UN PERSEGUIDOR QUE DESAFÍA LA CLARIDAD DEL DÍA.

SOMEWHERE IN HER SMILE, SHE KNOWS
THAT I DON'T NEED NO OTHER LOVER
SOMETHING IN HER STYLE THAT SHOWS ME
I DON'T WANT TO LEAVE HER NOW
YOU KNOW I BELIEVE AND HOW

RECUERDO QUE CUANDO LLEGUÉ A CASA EMPECÉ UNO DE MIS CUADERNOS DE POEMAS, AZUL, DE MARCA SAGITARIO, Y ESCRIBÍ: **"EL ENAMORADO AÚN NO SABE DEFINIR EL TAMAÑO DE SU HERIDA, NI EL DOLOR INEXORABLE QUE LE CAUSA".**

YOU'RE ASKING ME WILL MY LOVE GROW
I DON'T KNOW, I DON'T KNOW
YOU STICK AROUND NOW IT MAY SHOW
I DON'T KNOW, I DON'T KNOW

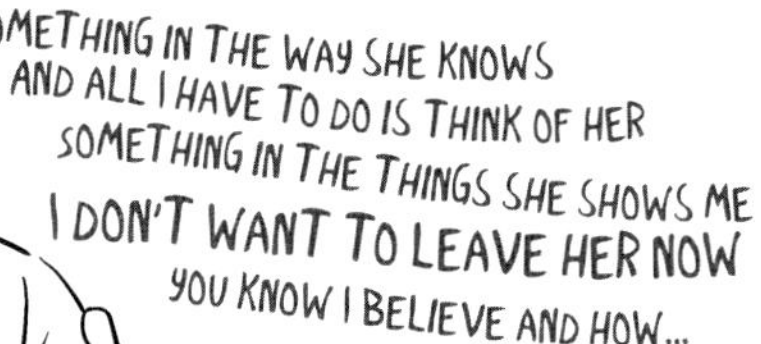

SOMETHING IN THE WAY SHE KNOWS
AND ALL I HAVE TO DO IS THINK OF HER
SOMETHING IN THE THINGS SHE SHOWS ME
I DON'T WANT TO LEAVE HER NOW
YOU KNOW I BELIEVE AND HOW...

"SOMETHING" THE BEATLES

VOLVÍ A VERLA. AL DÍA SIGUIENTE, Y AL SIGUIENTE. LA ESPIABA CON UNA LANGUIDEZ INFINITA. Y EN MIS APUNTES DE DERECHO EMPEZARON A MENUDEAR LAS NOTAS SOBRE ELLA.

UN DÍA, EN UNO DE LOS CONCIERTOS DE MI GRUPO, CUANDO CANTÁBAMOS A DONOVAN, A BOB DYLAN, A PETE SEEGER, A JOAN BÁEZ Y A TANTOS Y TANTOS OTROS, DIJE: "ME GUSTARÍA DEDICARLE 'LET IT BE' A UNA MUJER DE CIENCIAS QUE SE PARECE A UN SUEÑO".

NO TARDAMOS EN CONOCERNOS. ALGUIEN SE EMPEÑÓ EN DESENTRAÑAR EL SECRETO DE MI DEDICATORIA.

NO ESTOY SEGURO DE SI ME ABORDÓ ELLA A MÍ O YO A ELLA. "SÉ QUE ME HAS DEDICADO UNA CANCIÓN -ME DIJO-. A PARTIR DE AHORA SERÁ MI FAVORITA". Y ASÍ EMPEZARON LOS QUE YO CREÍA QUE IBAN A SER LOS MEJORES DÍAS DE MI VIDA: NOS VEÍAMOS EN EL CAMPUS, ANTE EL LAGO, EN LOS CAFÉS DE LAS AFUERAS, IMPROVISÁBAMOS PARAÍSOS UNIVERSITARIOS PARA CONVERSAR, Y NOS ESCONDÍAMOS EN LOS CINES DE BARRIO PARA MORIRNOS DE AMOR Y DE BESOS COMO AVA GARDNER Y TYRONE POWER, COMO BELMONDO Y JEAN SEBERG.

CINEMA ELISEOS

SE LLAMABA CLARA. Y PARA MÍ FUE CLARA 'LA PELIRROJA'; CUANDO QUERÍA ENOJARLA LA LLAMABA 'PIEL DE ZANAHORIA'. ASÍ ERA YO: LETRAHERIDO HASTA EL FONDO.

NUNCA ESCRIBÍ TANTOS POEMAS, E INCLUSO, EXCITADO POR AQUELLA PASIÓN, IMPULSADO POR SU COMPAÑÍA Y EL EMBELESO INEFABLE EN QUE VIVÍA, EMPECÉ A DARLE FORMA Y ESTRUCTURA A UN POEMARIO: AL AMOR DE CLARA. POCO DÍAS MÁS TARDE AÑADÍ UN SUBTÍTULO: LA DIOSA DE FUEGO.

ENFERMÉ: DE AMOR Y DESAMOR, DE CELOS Y DESCONCIERTO, ME ATRAPÓ UNA MELANCOLÍA INSOPORTABLE. CERRABA LOS OJOS Y SOÑABA CON ELLA; AVANZABA POR LA CALLE Y LA CONFUNDÍA CON TODAS LAS MUJERES; HASTA EN EL FÚTBOL DE LOS DOMINGOS, CREÍA OÍRLA GRITAR CERCA DE MI PADRE, UN FOROFO DISTINGUIDO Y SIGILOSO, Y CREÍA VERLA, EN UN ASIENTO LEJANO, BAJO LA LLOVIZNA O ENVUELTA ENTRE LAS PANCARTAS.

NO SABÍA QUÉ HACER. SE ME OLVIDABAN LAS LETRAS DE LAS CANCIONES EN LOS CONCIERTOS. ZOZOBRABA EN LOS EXÁMENES.
EN CASA, ME VEÍA COMO SI FUERA UN SUPLANTADOR DE MÍ MISMO, O EL INTRUSO INCÓMODO QUE VIENE A COMER Y A DORMIR COMO UN SONÁMBULO.
ENTONCES DECIDÍ QUE ERA EL MOMENTO DE ACABAR CON TODO.
COGÍ UNA CARPETA Y EL CUADERNO AZUL SAGITARIO Y SALÍ A LA CALLE. BUSQUÉ EL QUE HABÍA SIDO NUESTRO REFUGIO PREDILECTO, BAJO LOS SAUCES Y LOS PINOS, MUY CERCA DEL RÍO HUERVA,
Y ALLÍ HICE UNA HOGUERA. QUEMÉ TODOS MIS POEMAS, MIS CARTAS DE AMOR, LOS DIBUJOS INEXACTOS DE LA PELIRROJA MÁS HERMOSA.
Y DIJE AL VIENTO, A LA FRONDA Y A LA COLMENA DE EDIFICIOS: "DONDE LOS PÁJAROS AÚN SE AMABAN CON FRUICIÓN CADA DOMINGO, ARDE UN IMPOSIBLE AMOR. EL CIERZO SE LLEVARÁ TODAS SUS CENIZAS AL OLVIDO".

EN EL INICIO DEL CURSO SIGUIENTE, CONOCÍ A OTRA JOVEN. A LOS POCOS DÍAS, TRAS LOS PRIMEROS BESOS, BUSQUÉ OTRO REFUGIO BAJO LA ESPESURA Y EXTRAJE UN POEMA: "PALIDECÍA SEPTIEMBRE ENFERMO Y QUEBRADIZO..."
ELLA, CON DULZURA, ME SUSURRÓ: "NO TE ESFUERCES. PUEDES CANTARME UNA JOTA O 'SOMETHING'. LO PREFIERO".
ERA CIERTO: ALGO EN SU MANERA DE MOVERSE ME ATRAÍA COMO NINGUNA OTRA AMANTE. ALGO EN SU MANERA DE HABLAR ME HACÍA PERDER LA CABEZA.
DESDE AQUEL DÍA NO HE VUELTO A ESCRIBIR UN POEMA DE AMOR.

LA FOTÓGRAFA

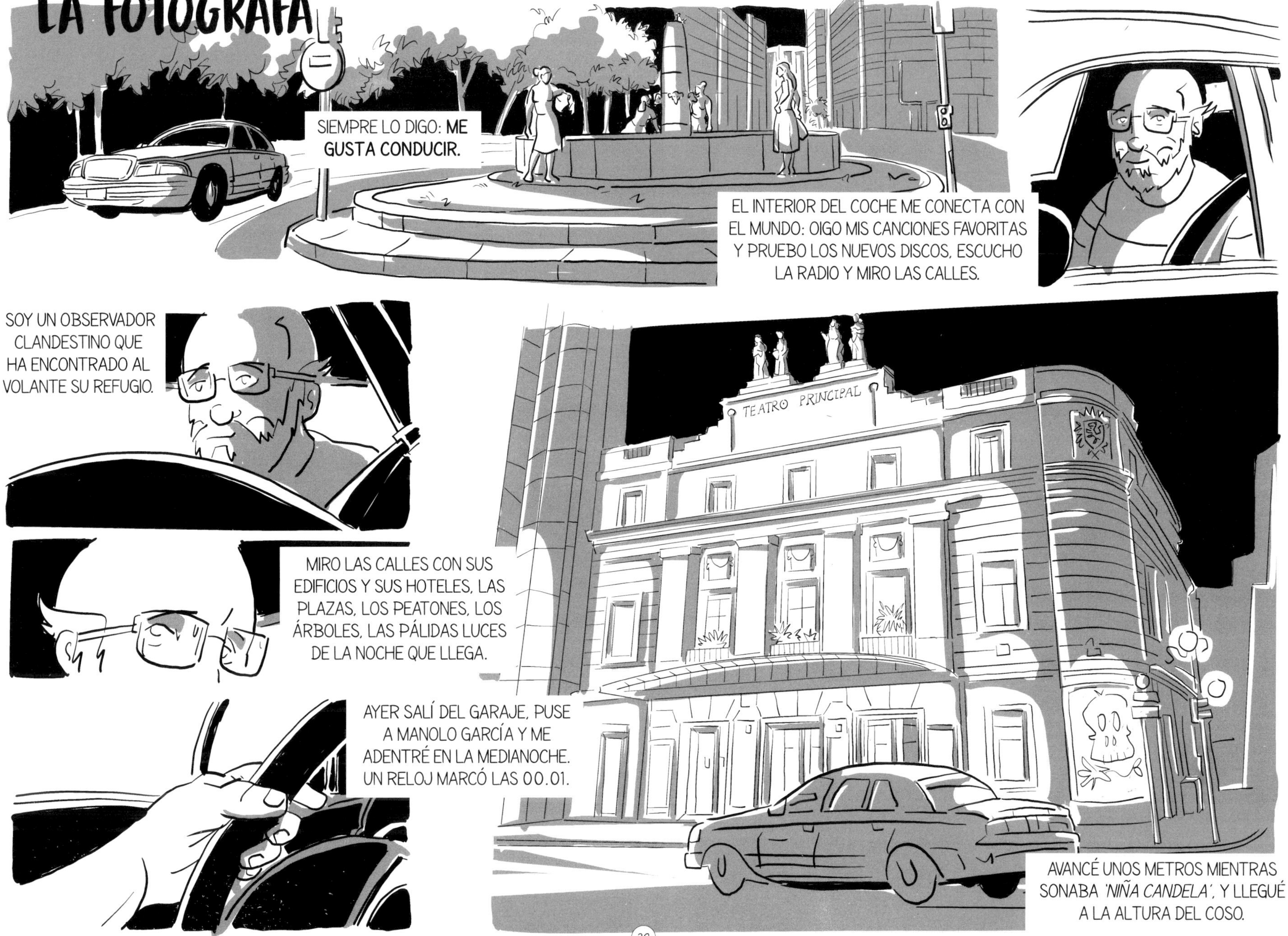

EN ESE INSTANTE EL SEMÁFORO SE PUSO ROJO. UNA JOVEN SE DETUVO ANTE EL APARCAMIENTO DE LAS BICICLETAS.

LLEVABA UNA ESPLÉNDIDA CÁMARA FOTOGRÁFICA EN LA MANO: SE DETUVO Y EMPEZÓ A REPASAR EN LA PANTALLA TODAS LAS FOTOS QUE HABÍA HECHO.

ELLA MISMA PARECÍA INTRIGADA: PARA ADELANTE, PARA ATRÁS, O ESO IMAGINABA YO, ESBOZABA UNA SONRISA, SE CONCENTRABA, SONREÍA DE NUEVO. SU ROSTRO ERA UN INVENTARIO DE EMOCIONES ATROPELLADAS.

YO LA MIRABA CON ABSOLUTA FASCINACIÓN.

EN APENAS TREINTA SEGUNDOS LA CONTEMPLÉ EMBELESADO: EL PANTALÓN VAQUERO, OSCURO Y AJUSTADO, EL PELO MÁS BIEN LARGO, LA ELEGANCIA DE LAS MANOS, LA FRANQUEZA INAGOTABLE DE SU SONRISA.

TUVE LA SENSACIÓN DE QUE ERA COMO UNA APARICIÓN O UN REGALO INESPERADO PARA ALGUIEN QUE COMPONE Y DISPARA FOTOS ILUSORIAS A CUALQUIER HORA COMO YO.

EL SEMÁFORO SE PUSO EN VERDE. QUÉ RABIA. QUÉ DESCONSUELO. Y A LA VEZ, PENSÉ, QUÉ FELICIDAD.
SIEMPRE LO PIENSO: CUÁNTO AMO A LAS MUJERES REPENTINAS QUE PASAN. ¡CÓMO IMAGINO SUS VIDAS Y LA MÍA CON ELLAS, AL MENOS POR UNAS HORAS O DURANTE MESES!
ACELERÉ CON UNA PREGUNTA EN LA LENGUA Y TODA LA CURIOSIDAD DEL MUNDO. ¿A QUIÉN, O QUÉ, HABRÍA FOTOGRAFIADO AQUELLA JOVEN? POR EL RETROVISOR ALCANCÉ A VER QUE SE SUBÍA A UNA BICICLETA...

BARRAL
A DIEGO Y JORGE RODRÍGUEZ.
PARA TODOS ERA BARRAL. BARRAL EL SOLITARIO, QUE NO IBA A LA ESCUELA NI TRABAJÓ NUNCA,
EL LOCO DE ATAR, EL JOVEN EXTRAÑO QUE CONOCÍA EL MISTERIO DE LAS MAREAS Y EL CORAZÓN DE LOS PISTILOS.
EL EXTRAÑO BARRAL QUE, DE REPENTE, IMPARTÍA UNA LECCIÓN SOBRE LOS CABALLOS EXTRAVIADOS EN EL MONTE O SOBRE EL PENÚLTIMO PLAN URBANÍSTICO MUNICIPAL.
BARRAL, EL QUE SE ENFADABA CON LAS LLUVIAS DE AGOSTO.
BARRAL, EL PROFETA: SIEMPRE SABÍA QUIÉN IBA A GANAR EN EL FÚTBOL, EN EL BALONCESTO O EN EL CICLISMO.

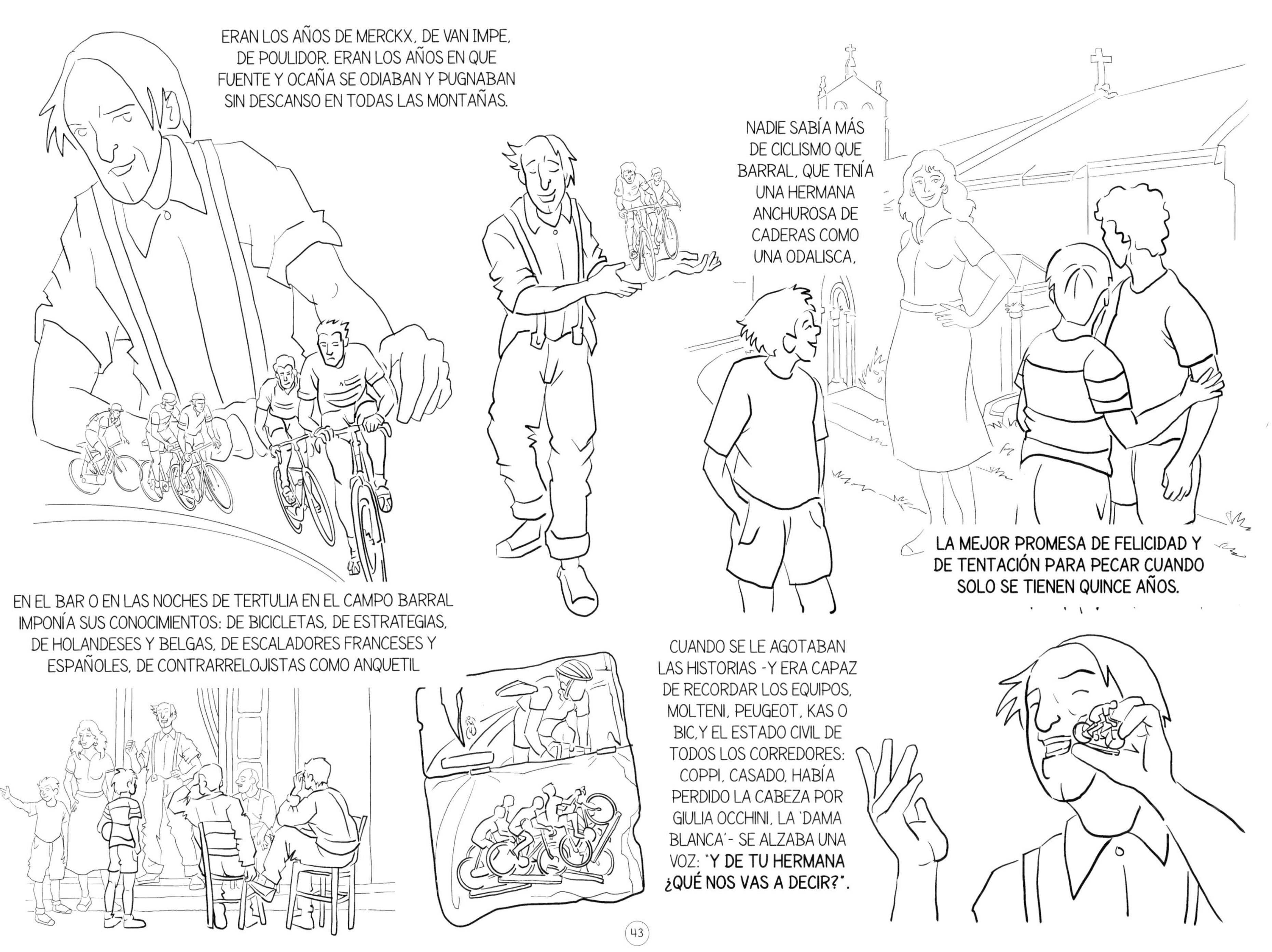

ERAN LOS AÑOS DE MERCKX, DE VAN IMPE, DE POULIDOR. ERAN LOS AÑOS EN QUE FUENTE Y OCAÑA SE ODIABAN Y PUGNABAN SIN DESCANSO EN TODAS LAS MONTAÑAS.
NADIE SABÍA MÁS DE CICLISMO QUE BARRAL, QUE TENÍA UNA HERMANA ANCHUROSA DE CADERAS COMO UNA ODALISCA,
LA MEJOR PROMESA DE FELICIDAD Y DE TENTACIÓN PARA PECAR CUANDO SOLO SE TIENEN QUINCE AÑOS.
EN EL BAR O EN LAS NOCHES DE TERTULIA EN EL CAMPO BARRAL IMPONÍA SUS CONOCIMIENTOS: DE BICICLETAS, DE ESTRATEGIAS, DE HOLANDESES Y BELGAS, DE ESCALADORES FRANCESES Y ESPAÑOLES, DE CONTRARRELOJISTAS COMO ANQUETIL
CUANDO SE LE AGOTABAN LAS HISTORIAS -Y ERA CAPAZ DE RECORDAR LOS EQUIPOS, MOLTENI, PEUGEOT, KAS O BIC, Y EL ESTADO CIVIL DE TODOS LOS CORREDORES: COPPI, CASADO, HABÍA PERDIDO LA CABEZA POR GIULIA OCCHINI, LA 'DAMA BLANCA'- SE ALZABA UNA VOZ: "Y DE TU HERMANA ¿QUÉ NOS VAS A DECIR?".

NO DECÍA NADA.

CUANDO SE LO PREGUNTABAN POR TERCERA VEZ SABÍA QUE ERA EL MOMENTO DE IRSE. SE SUBÍA A SU BICICLETA DE CARRERAS Y CRUZABA EL PUEBLO EN DIRECCIÓN A SU BARRIO.

SU DÉBIL DINAMO TEMBLABA A LO LEJOS COMO SI TUVIERA MIEDO.

UN DÍA, TRAS EXPLICAR LA DERROTA DE MERCKX ANTE THEVENET, OYÓ: "¿QUÉ NOS CUENTAS DE TU HERMANA, BARRAL?"

DIO UN PASO AL FRENTE Y ENCARÓ A VITUCO Y A LISTA, QUE NO LE HACÍAN SOMBRA NI EN LAS CUESTAS NI EN EL LLANO. "MI HERMANA SE CASA CON EL CABO DE LA GUARDIA CIVIL, QUE ES DE TOLEDO Y SOBRINO DE BAHAMONTES, EL QUE GANÓ EL TOUR CUANDO VOSOTROS NACISTEIS".

CASI NADIE PENSÓ QUE ERA UNA INVENCIÓN. BARRAL, EL SABIO, EL CUERDO BARRAL NO SABÍA MENTIR.

DOS MESES DESPUÉS NOS MOSTRÓ UNA FOTOGRAFÍA CON SU CUÑADO, CON EL CICLISTA Y CON SU HERMANA, QUE NOS PARECIÓ A TODOS MÁS EXPLOSIVA QUE NUNCA.

A VECES ME PREGUNTO CUÁL DE LOS DOS, BARRAL O ELLA, ERA EL AUTÉNTICO ÍDOLO DE NUESTRA ADOLESCENCIA.

EL CICLISTA DEL MAR

LAS MEJORES CARTAS SON LAS QUE NO SE ESPERAN. ESAS CARTAS QUE PARECEN ENVIADAS DESDE EL FONDO DEL TIEMPO, COMO SI ALGUIEN HUBIERA CONGELADO LOS DÍAS DEL PASADO.

ME GUSTÓ QUE EN EL SOBRE MI NOMBRE Y MI DIRECCIÓN ESTUVIERAN REDACTADOS A MANO.

LEÍ: "HA ESCRITO USTED TANTO DE PACO EL PECAS QUE AL FINAL EN SU PUEBLO HAN DECIDIDO RECORDARLO PARA SIEMPRE Y LE HAN DEDICADO UNA PLAZOLETA QUE MIRA AL MAR.

ENCARA EL ACANTILADO DESDE EL QUE SE CAYÓ AL VACÍO Y, TRAS GOLPEARSE CON LAS ROCAS, AL AGUA. NOS GUSTARÍA QUE VINIESE USTED A HACER EL ELOGIO FÚNEBRE DE PACO Y A RECORDAR QUÉ SIGNIFICÓ AQUEL ACCIDENTE EN SUS VIDAS DE NIÑOS".

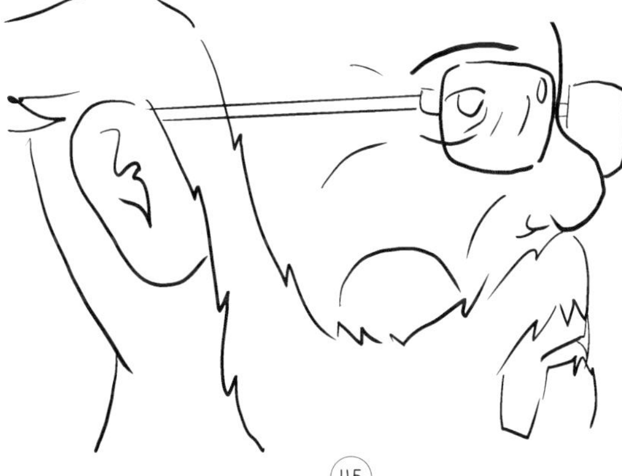

HICE MEMORIA DE NUEVO: PACO EL PECAS, COMPAÑERO
DEL COLEGIO DOS AÑOS MÁS JOVEN QUE YO, QUE
ALTERNABA SUS ESTUDIOS CON SU PASIÓN POR EL MAR.

PASEABA POR LOS CANTILES CON SU BICICLETA, MIRABA PASAR LOS BARCOS,
SILBABA A LAS MUCHACHAS CUANDO SALÍAN DE LAS CONSERVERAS Y
PARLOTEABA A CUALQUIER HORA CON LOS MARINOS Y LOS PESCADEROS.

LUEGO EN CLASE LO REVIVÍA Y LO TRANSFORMABA TODO: CONVERTÍA A SUS VECINAS EN SIRENAS, HABLABA DE TESOROS
ENTERRADOS, DE NAUFRAGIOS Y DE LAS GAVIOTAS. "NO HAY NADA MÁS IMPRESIONANTE QUE VER A UN MONTÓN DE GAVIOTAS
QUE VUELAN HACIA EL FARO EN MEDIO DE ESOS FOGONAZOS DE ORO", ESCRIBIÓ UNA VEZ EN SU REDACCIÓN DE LOS JUEVES.

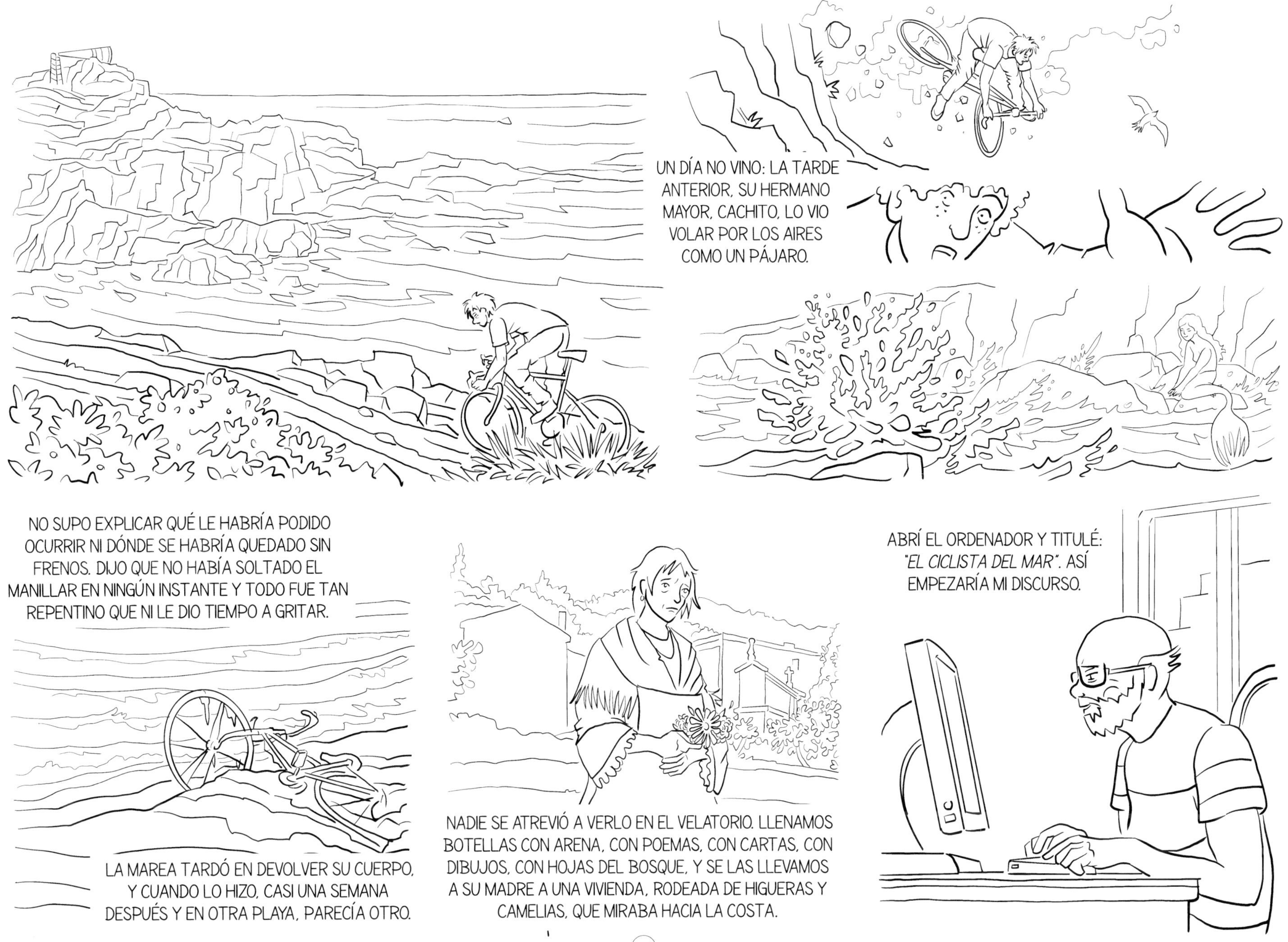

UN DÍA NO VINO: LA TARDE ANTERIOR, SU HERMANO MAYOR, CACHITO, LO VIO VOLAR POR LOS AIRES COMO UN PÁJARO.

NO SUPO EXPLICAR QUÉ LE HABRÍA PODIDO OCURRIR NI DÓNDE SE HABRÍA QUEDADO SIN FRENOS. DIJO QUE NO HABÍA SOLTADO EL MANILLAR EN NINGÚN INSTANTE Y TODO FUE TAN REPENTINO QUE NI LE DIO TIEMPO A GRITAR.

LA MAREA TARDÓ EN DEVOLVER SU CUERPO, Y CUANDO LO HIZO, CASI UNA SEMANA DESPUÉS Y EN OTRA PLAYA, PARECÍA OTRO.

NADIE SE ATREVIÓ A VERLO EN EL VELATORIO. LLENAMOS BOTELLAS CON ARENA, CON POEMAS, CON CARTAS, CON DIBUJOS, CON HOJAS DEL BOSQUE, Y SE LAS LLEVAMOS A SU MADRE A UNA VIVIENDA, RODEADA DE HIGUERAS Y CAMELIAS, QUE MIRABA HACIA LA COSTA.

ABRÍ EL ORDENADOR Y TITULÉ: "EL CICLISTA DEL MAR". ASÍ EMPEZARÍA MI DISCURSO.

LUNA DE MIEL

EL PROFESOR ESCRIBIÓ DOS NOMBRES EN LA PIZARRA: **PIERRE CURIE Y MARIA SKLODOWSKA. CIENTÍFICOS.**

SE SENTÓ EN SU SILLÓN Y SE DIRIGIÓ A LOS ALUMNOS: *"MARIE CURIE, MARIA SKLODOWSKA DE SOLTERA, SOLÍA DECIR QUE LA CIENCIA ENCIERRA UNA GRAN BELLEZA Y QUE UN SABIO EN SU LABORATORIO ES COMO UN NIÑO ANTE UN CUENTO DE HADAS. EXPERIMENTA IDÉNTICO ASOMBRO ANTE LOS ENIGMAS DE LA NATURALEZA: LAS MAREAS, UN VENDAVAL DE VERANO, UN RELÁMPAGO, EL LENGUAJE OCULTO DE LOS MINERALES.*

MARIE CURIE FUE UNA MUJER MARCADA POR SU VOCACIÓN. Y POR UNA VOLUNTAD DE HIERRO.

DESDE MUY JOVEN PADECIÓ DIVERSAS ADVERSIDADES: LA MUERTE DE SU MADRE, MAESTRA, PIANISTA Y CANTANTE, Y LA PERSECUCIÓN POLÍTICA DE SU PADRE, PROFESOR.

ESTUDIABA HISTORIA NATURAL, MATEMÁTICAS Y FÍSICA, Y TRABAJÓ DE INSTITUTRIZ.

EN AQUELLOS DÍAS, ANTES DE DEJAR POLONIA, CULTIVABA EN SECRETO LA POESÍA: REDACTABA PIEZAS SOBRE LOS PRIMEROS AMORES, LA NECESIDAD DE SABER Y LA HERMOSURA DE LOS DÍAS DE NIEVE.

AYUDÓ COMO PUDO A SU HERMANA BRONISLAWA, QUE HABÍA PARTIDO A LA SORBONA A ESTUDIAR MEDICINA. POCO DESPUÉS LLEGARÍA ELLA A PARÍS, Y SE INSTALARÍA EN EL BARRIO LATINO: PASABA TANTO FRÍO QUE DORMÍA CON LA ROPA PUESTA.

ERA UNA MUJER DÉBIL Y FUERTE A LA VEZ: POSEÍA UNA DETERMINACIÓN DE ACERO Y UNA INCLINACIÓN CONSTANTE A LA ANEMIA. LUCÍA UN CABELLO RUBIO, TAMIZADO POR UN TONO CENIZA, Y ERA SOBRIA EN SU VESTIMENTA Y EN SUS HÁBITOS.

EN SU ROSTRO DE DIBUJADAS FACCIONES DESTACABAN SUS OJOS CLAROS.

EN LA SORBONA UNA MUJER COMO ELLA LLAMABA LA ATENCIÓN: A UNOS LES SUSCITABA RECHAZO, OTROS SE DESHACÍAN EN CHISMES O SE BURLABAN DE SU MAL FRANCÉS, Y A UNO EN PARTICULAR LE ATRAÍA AQUELLA JOVEN SIGILOSA, CONCENTRADA, QUE HABLABA CON GRAN PRECISIÓN DE LA CIENCIA Y QUE SE HABÍA LICENCIADO EN FÍSICA Y EN MATEMÁTICAS CON UN AÑO DE DIFERENCIA.

ERA PIERRE CURIE, UN PROFESOR DISTINGUIDO DE FÍSICA, TAN BRILLANTE COMO TÍMIDO; HABÍA REALIZADO INVESTIGACIONES SOBRE LA ELECTRICIDAD DEL CUARZO, SOLO Y EN COLABORACIÓN CON SU HERMANO JACQUES. INTENTÓ ESTABLECER UNA RELACIÓN CON ELLA.

CONCERTARON LAS PRIMERAS CITAS Y LA ESTUDIOSA POLACA LO RECIBIÓ EN SU ESTANCIA GLACIAL EN EL BARRIO LATINO.

ÉL LA INVITÓ A CASARSE, PERO MARIE TARDÓ DIEZ MESES EN RESPONDERLE. LA BODA SE CELEBRÓ EN JULIO DE 1895, EN SCEAUX, UNA POBLACIÓN PRÓXIMA A PARÍS CON CASTILLO, PARQUE, LAGO Y BOSQUE.

SU LUNA DE MIEL FUE COMPLETAMENTE ATÍPICA: UNOS PARIENTES LES HABÍAN REGALADO UN POCO DE DINERO, COMO OBSEQUIO DE BODA, Y PIERRE Y MARIE ADQUIRIERON UN PAR DE BICICLETAS. SALIERON DE PASEO POR DIVERSOS LUGARES DE FRANCIA: ELLA LLEVABA EL RAMO DE FLORES EN EL MANILLAR, ÉL UN PEQUEÑO ZURRÓN.

FUERON DE AQUÍ PARA ALLÁ, PERNOCTABAN EN POSADAS Y HOSTALES, CONTEMPLABAN EL PAISAJE, SE DETENÍAN EN LAS UMBRÍAS Y EN LAS PLAZAS PÚBLICAS, VISITABAN MONUMENTOS, COMÍAN A LA ORILLA DE LOS RÍOS SIEMPRE FRUGALMENTE: PAN, FRUTA Y QUESO.

FUE UNA AVENTURA INOLVIDABLE DE AMOR, DE COMPLICIDAD, DE IMPROVISACIÓN EN LA RUTA Y DE GOZOSO ESFUERZO.

FUE UNA CEREMONIA EXTRAÑA: UNA CEREMONIA CIVIL, SIN NOTARIO, SIN ALIANZAS, NI VESTIDO BLANCO DE NOVIA NI CONVITE. MARIE CURIE LLEVABA UN TRAJE AZUL; EL NOVIO DIRÍA DESPUÉS QUE *'NUNCA LE HABÍA PARECIDO TAN HERMOSA COMO ENTONCES'*.

AÑOS DESPUÉS, TRAS LOGRAR LA PAREJA EL PREMIO NOBEL DE FÍSICA POR SUS INVESTIGACIONES EN TORNO AL POLONIO Y AL URANIO,

UN TENEBROSO DÍA DE LLUVIA DE 1906, PIERRE CURIE DIO UN MAL PASO Y RESBALÓ EN UNA CALLE DE PARÍS.

AQUÍ Y ALLÁ HABLABAN DE SUS INVESTIGACIONES EN TORNO A LA RADIACTIVIDAD, CONSUMABAN SU PASIÓN, Y PROSEGUÍAN CON RUMBO INCIERTO. ¡QUÉ HERMOSA LES PARECIÓ FRANCIA: CUÁNTOS VIÑEDOS HABÍA QUE VER, CUÁNTOS JARDINES A SU PASO RECLAMABAN SU ATENCIÓN, QUÉ LUZ DESLEÍDA DE ODRE VIEJO BAJO LAS ARBOLEDAS!

UN CARRO DE CABALLOS DE SEIS TONELADAS LO ARROLLÓ Y LE PRODUJO HERIDAS MORTALES EN LA CABEZA Y EN EL CUELLO.

CON LÁGRIMAS EN LOS OJOS Y COMPLETAMENTE DESOLADA, MARIE CURIE PREGUNTÓ: *'¿NO HAY NINGUNA ESPERANZA DE VIDA?'*.

BUENO, QUIZÁ NO HE DEBIDO CONTARLES ESTO".

EL PROFESOR CALLÓ ABRUPTAMENTE, Y LUEGO HIZO UN GESTO DE CONTRARIEDAD Y DE ARREPENTIMIENTO.

MIRÓ A SUS ALUMNOS Y AÑADIÓ: "A MÍ LO QUE SIEMPRE ME HA CONMOVIDO DE LOS CURIE HA SIDO ESE VIAJE EN DOS BICICLETAS POR FRANCIA. CASI LES DIRÍA QUE ES LA LUNA DE MIEL MÁS ORIGINAL QUE CONOZCO.

MARIE CURIE-SKLODOWSKA
1867 - 1934

MARIE CURIE MURIÓ DE ANEMIA APLÁSICA EN 1934. LA ENTERRARON EN UN PANTEÓN MUY CERCA DEL DE SU MARIDO. UN BIÓGRAFO SE PREGUNTA: ¿LOS HABRÁN ENTERRADO CON SUS BICICLETAS?"

MÁS QUE EL DESCUBRIMIENTO DE LA RADIACTIVIDAD O SUS HIJAS ÉVE E IRÈNE, PARA MÍ LAS BICICLETAS SON EL GRAN SÍMBOLO DE SU AMOR".

LAS VIDAS IMPOSIBLES DE HORACIO QUIROGA

LOCO.

LOCO.

LOCO.

¿QUÉ SE TE HABÍA PERDIDO A TI EN EL CORAZÓN DE LA SELVA, ENTRE LAS ANACONDAS Y LOS YACARÉS?

FUE **JULIO CORTÁZAR** QUIEN ME PUSO TRAS TU PISTA: TE LLAMABA *EL HERMANO HORACIO*, SU MAESTRO, EL PARIENTE LEJANO DE **POE**. TE LLAMABA MI HERMANO, EL BUEN SALVAJE QUE SE JUGABA LA VIDA POR MUJERES IMPOSIBLES QUE NO HABÍAN DEJADO DE SER NIÑAS, POR CRIATURAS QUE TENÍAN LA BELLEZA DE LOS FLAMENCOS Y EL CRISTALINO CUELLO DE LAS GARZAS Y LAS GRULLAS ERRANTES.

SIEMPRE FUISTE UN HOMBRE ENAMORADO, UN SOÑADOR, EL CAZADOR QUE BUSCABA PARAÍSOS ENTRE NARANJOS O A LA SOMBRA DEL ALGODÓN. ERAS UN TIPO EXTRAÑO: ROMÁNTICO, ARDIENTE Y VISCERAL.

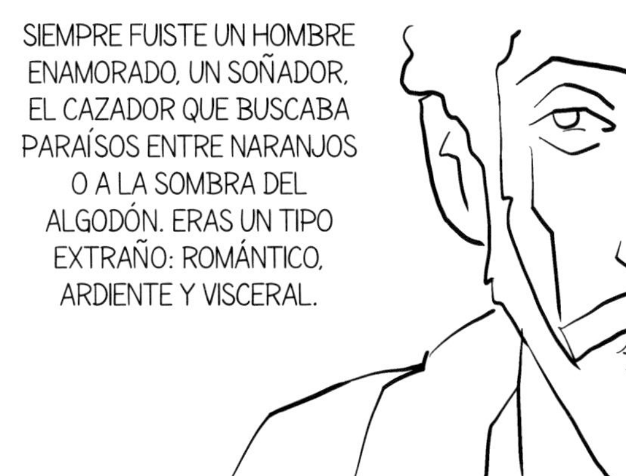

INCENDIABAS LOS INSTANTES, ENLOQUECÍAS DE SÚBITO ANTE UNOS OJOS QUE COPIABAN LA LUZ DE LA ARBOLEDA, LA LUMBRE DE LOS DESIERTOS, LA FLORESTA VENCIDA EN LA AGONÍA DEL ATARDECER.

ENARDECÍAS EN EL PURO ARREBATO DE EXISTIR.

¡CUÁNTA ANSIEDAD, QUÉ FURIA DE AMOR, QUÉ DESESPERACIÓN: TU CORAZÓN SE EXPANDÍA COMO LOS RÍOS ARTERIALES DE MISIONES! ¡QUÉ EXIGENCIA CONTIGO MISMO!
DESPRECIABAS LA CALMA Y SIEMPRE CONVIVÍAS CON UN MONSTRUO INESPERADO AL QUE INTENTABAS DESPEDAZAR, CON EL HACHA SONÁMBULA DE LA IRA, DE NOCHE, CUANDO LOS LUCEROS SE ATERCIOPELAN Y EL CANTO DE LAS AVES INVADE EL INTERIOR DE LA SELVA.
ANA MARÍA CIRES, ANA MARÍA PALACIO, ALFONSINA STORNI, MARÍA ELENA BRAVO, QUE TE ACARICIÓ POR ÚLTIMA VEZ CON SU MANO SUAVE DE ÁNGEL Y UNA TRISTEZA DEFINITIVA ANTES DE QUE BEBIERAS EL CIANURO LETAL. A TODAS LAS AMASTE.
¡CUÁNTO AMOR Y CUÁNTA MUERTE AMONTONADA TRAS LOS BESOS!

HORACIO, HERMANO QUIROGA, PERSEGUIDOR DE ALARIDOS.

RELEO TUS LIBROS, TUS CUENTOS DE TINIEBLAS: AÚN ME DUELE EL ENFERMIZO AMOR DE *'EL ALMOHADÓN DE PLUMAS'* Y LA REVELACIÓN DEL HORROR AGAZAPADO EN EL LECHO.

AÚN NO HE SUPERADO EL ESPANTO DE *'LA GALLINA DEGOLLADA'*: ¿CÓMO ERAS CAPAZ DE SOBREVIVIR A TANTA VIOLENCIA, A TANTO CANDOR ULTRAJADO EN EL ESPEJISMO DE LOS BOSQUES? ¿HAS ENCONTRADO POR FIN AL NIÑO PERDIDO EN LAS CIÉNAGAS?

RELEO TU VIDA Y TUS CARTAS Y TUS RECUERDOS DE INFORTUNIO. QUISISTE SERLO TODO: AGRICULTOR Y MÚSICO, POETA DE LAS SOMBRAS, ARTESANO, MECÁNICO, QUÍMICO, CUENTISTA, EXPLORADOR.

ERAS MUY JOVEN CUANDO FUNDASTE EL CLUB CICLISTA SALTEÑO Y RECORRISTE 120 KILÓMETROS INACABABLES ENTRE SALTO Y PAYSANDÚ. **CARLOS BERRUTI** FUE EL OTRO LABORIOSO PIONERO DEL CICLISMO.

HAY DOS COSAS QUE SIEMPRE ME HAN CONMOVIDO DE TI: TU PASIÓN POR LA FOTOGRAFÍA, AQUEL VIAJE A LA BRUSCA ARCADIA DE MISIONES, CON **LEOPOLDO LUGONES**: SIEMPRE ESTABAS ALERTA, DISPUESTO A REALIZAR LA MEJOR INSTANTÁNEA DEL SILENCIO, Y TU ATRACCIÓN POR LA BICICLETA.

UN DÍA TE MARCHASTE A PARÍS CON UNA CONVICCIÓN EN EL ALMA: IBAS A LA EXPOSICIÓN UNIVERSAL QUE ENCARNABA LA MODERNIDAD Y UNA HERMOSA E INVENCIBLE FORMA DE MOVIMIENTO.

PARÍS FUE PARA TI UN INFIERNO, O UN PARAÍSO ATROPELLADO DE TUGURIOS, PROSTITUTAS Y NINFAS DE LUJURIA DESVAÍDA: UN DÍA DESPERTASTE COMO UN PORDIOSERO DE OLVIDOS. LA AVENTURA FUE UNA SUCESIÓN DE DESASTRES INESPERADOS.

DE AQUELLA ESTANCIA DE VARIOS MESES ME QUEDO CON UNA FRASE, EL ALIENTO DE UNA UTOPÍA, LA AFIRMACIÓN DE UN SUEÑO JUVENIL: "YO FUI A PARÍS SOLO POR LA BICICLETA". FUE EN 1900.

TORRE DEL ABEJAR

MI MADRE, ANTE NUESTRA PERPLEJIDAD, SOLÍA DECIR: "ANTES NO ERA ASÍ. ERA UN HOMBRE NORMAL, SUAVE, QUE SE CONTENTABA CON SU SUERTE Y CON SUS PAISAJES.
LA GUERRA LO CAMBIÓ: LE DESTROZÓ EL ÁNIMO Y LA TEMPLANZA, Y LE VOLCÓ UN ARSENAL DE PESADILLAS Y TIGRES EN EL SUEÑO".
ASÍ LO DIJO:
TIGRES EN EL SUEÑO.
MI MADRE, CUANDO QUERÍA, ERA UN COMPLETO MISTERIO: LEÍA, SE APASIONABA CON EL ARTE Y BUSCABA LA BELLEZA EN LAS PEQUEÑAS COSAS DE CADA DÍA.
NOS REGALABA CUADERNOS Y LÁPICES, NOS HABLABA DEL QUIJOTE, DE LA LUZ INVISIBLE DE VELÁZQUEZ Y DEL CINE DE SU NIÑEZ. Y ERA CAPAZ DE DEFINIR ASÍ EL ESTADO INESTABLE DE SU MARIDO.

AMBOS PROCEDÍAN DE **TRASOBARES**: ALLÍ HABÍAN SIDO LABRADORES.

MI PADRE NO DOMINABA LOS OFICIOS DE LA HUERTA; EN CAMBIO CONOCÍA TODOS LOS SECRETOS DE LA FRUTA.

YO LO VEÍA INJERTAR CON MIMO Y CREÍA QUE HACÍA MAGIA. LE GUSTABAN LOS ALBARICOQUES, LAS PAVÍAS Y LOS MELOCOTONES, TENÍA DIVERSAS CLASES DE UVAS, DE HIGOS Y DE BREVAS, Y TRAMPEABA ENTRE LOS SURCOS CON LOS TOMATES Y LOS MELONES.

NOS HABÍAN DEJADO UNA TORRE FAMILIAR: **TORRE DEL ABEJAR**, Y ESE ERA EL REFUGIO DE MI PADRE.

CUANDO LLEGABA MARZO, SE ENCOLERIZABA, DISCUTÍA CON TODOS Y SE VOLVÍA INSOPORTABLE: ERA SU FORMA DE ANUNCIAR QUE IBA A MARCHARSE A LAS TIERRAS.

ENTONCES SOLO LO VEÍAMOS DE VEZ EN CUANDO. NI NOS ECHABA EN FALTA NI NOSOTROS TENÍAMOS GANAS DE AGUANTAR SU GENIO.

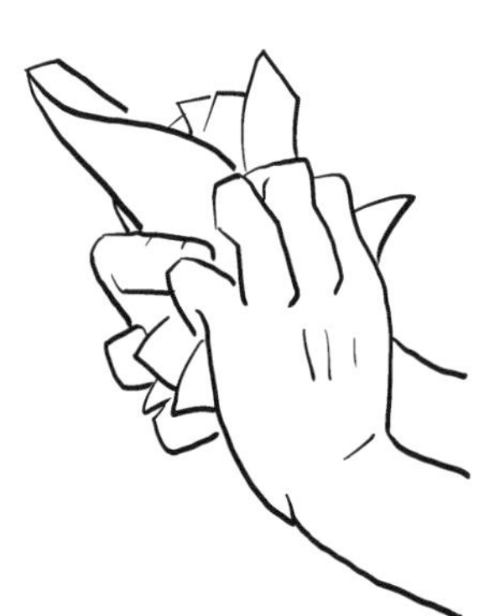

EN NOVIEMBRE, CUANDO REGRESABAN EL CIERZO Y EL FRÍO REAPARECÍA COMO UN FANTASMA, DESHARRAPADO Y DÉBIL.
SI QUERÍA, TENÍA UN PODEROSO INSTINTO DE SUPERVIVENCIA.
DURANTE ESOS CASI SEIS MESES, O MÁS, IBA A VERLO A LA TORRE. ERA UN ESPACIO INQUIETANTE Y TAL VEZ INCONMENSURABLE. LA CASA IMPONÍA PAVOR. COMO LAS ERAS Y LOS COBERTIZOS.
CERCA DE ALLÍ, AÑOS ATRÁS, SE HABÍA COMETIDO UN CRIMEN. CERCA DE ALLÍ PASABAN LOS CANALES DE RIEGO Y LAS CASCADAS.

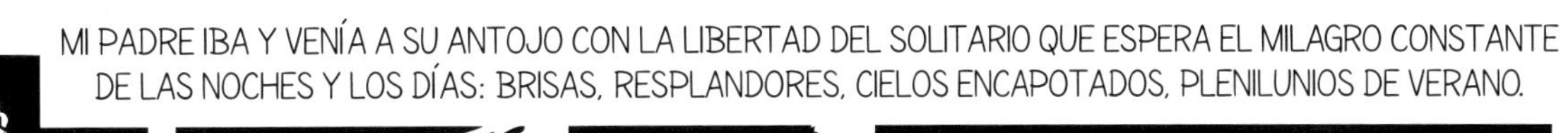

MI PADRE IBA Y VENÍA A SU ANTOJO CON LA LIBERTAD DEL SOLITARIO QUE ESPERA EL MILAGRO CONSTANTE DE LAS NOCHES Y LOS DÍAS: BRISAS, RESPLANDORES, CIELOS ENCAPOTADOS, PLENILUNIOS DE VERANO.

CASI A DIARIO, A PARTIR DE MAYO, LLEVABA LA FRUTA AL MERCADO CENTRAL DE ZARAGOZA: COLOCABA SU REMOLQUE EN LA BICICLETA Y LO LLENABA DE FRUTA. SIEMPRE HACÍA LO MISMO: LO COLMABA CON LENTITUD, COLOCANDO LAS PIEZAS EN CANASTOS.
ME CONMOVÍA SU OBSTINACIÓN DE AGRICULTOR EN PAZ.

ME MIRABA Y DECÍA: *"LA FRUTA NO SOPORTA BIEN EL TRAQUETEO"*. ME HACÍA GRACIA. YO LO OBSERVABA COMO A UN EXTRAÑO. O A UN POSEÍDO.

ME GUSTABA VERLO PEDALEAR POR LOS CAMINOS, ENTRE LOS MAIZALES, ENTRE LOS ÁRBOLES, LEVANTANDO POLVO, UN POLVO PEGAJOSO Y DORADO QUE LE MANCHABA LAS SIENES.

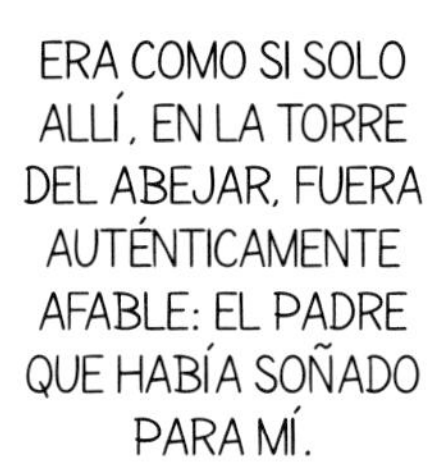

ERA COMO SI SOLO ALLÍ, EN LA TORRE DEL ABEJAR, FUERA AUTÉNTICAMENTE AFABLE: EL PADRE QUE HABÍA SOÑADO PARA MÍ.

UN DÍA ME LLEVÓ AL MERCADO EN SU REMOLQUE. TENDRÍA SEIS AÑOS. ERA SU PASAJERO, SU COLABORADOR, EL HIJO INESPERADO. INSISTÍA: *"RECUERDA QUE LA FRUTA NO SOPORTA BIEN EL TRAQUETEO"*.

HACE AÑOS QUE MURIÓ. A MENUDO PIENSO EN ÉL Y RECUERDO LO QUE SIEMPRE NOS CONTABA MI MADRE: *"LA GUERRA LO CAMBIÓ: ACABÓ CON SUS SUEÑOS FELICES"*.

ELLA LO RECIBÍA EN CASA, EN LAS DOS O TRES CASAS QUE HEMOS TENIDO, CON INFINITA COMPASIÓN. NO LE PREGUNTABA NADA. NO PODÍA, NI QUERÍA, ACCEDER AL FONDO DE SUS TINIEBLAS. **NO QUERÍA EXCITAR EL TIGRE SONÁMBULO DE SU DOLOR ANTIGUO.**

A MENUDO PIENSO EN MI PADRE Y RECUERDO AQUEL VIAJE, DE IDA Y VUELTA, EN BICICLETA AL MERCADO CENTRAL.

A VECES SE GIRABA PARA VERME. *"AGÁRRATE FUERTE"*, DECÍA. EN AQUELLA MIRADA ME PARECIÓ ADIVINAR TERNURA Y MIEDO, Y CREÍ ENTENDER ALGO DE SU EXTRAÑA FORMA DE VIDA.

VIDA, MÚSICA Y MUERTE DE NICO

CANTABAS CON UNA FRÍA Y METÁLICA VOZ, ACASO ANDRÓGINA.

DESFILABAS COMO NADIE CON UNA ELEGANCIA ANTIGUA, PASEABAS CON MISTERIO Y ASOMBRO EN *LA DOLCE VITA* DE **FEDERICO FELLINI**.

EN TU DERREDOR SE MULTIPLICABAN LAS LEYENDAS: LE HABÍAS ARREBATADO EL MARIDO A **ANOUK AIMÉE**.

HABÍAS VUELTO LOCO A **JOHN CALE**, A **GAINSBOURG** Y A **ANDY WARHOL**, Y TU CORAZÓN SE INFLAMABA DE TODAS LAS DROGAS DE LA TIERRA

un homme et une femme

THE VELVET UNDERGROUND & NICO

Andy Warhol

A SOLAS, CUANDO TE ABRAZABAS A TU QUERIDO ARMÓNIUM, LEÍAS A HÖLDERLIN, A BAUDELAIRE, A BLAKE Y A COLERIDGE: TU MÚSICA ERA COMO UN CANTO MEDIEVAL SACRÍLEGO Y TU ALMA SE VACIABA EN SOLEDAD Y DESAMPARO A CADA HORA CON AQUELLOS VERSOS TAN TRISTES COMO TUS VENAS.

VIVÍAS EN EL ARTE, EN LA MÚSICA, EN EL TEATRO, EN LA PASIÓN. EN NUEVA YORK TOMASTE CLASES CON LEE STRASBERG Y HECHIZASTE A BOB DYLAN, A LOU REED Y A TANTOS OTROS QUE ESCRIBIERON PARA TI, COMO LOS CHICOS DE LA VELVET.

CADA UNO DE TUS DISCOS ERA MÁS INQUIETANTE Y SOMBRÍO: TE EMPEÑABAS EN SEGUIR TODOS LOS CAMINOS DE LA DERROTA. LAS NOTAS SE ENCADENABAN CON UN SARPULLIDO DE OSCURIDAD.

JUGABAS A SER UNA DIOSA IMPOSIBLE, UNA SACERDOTISA LEJANA, Y A LA VEZ, JUNTO A PHILIPPE GARREL, UNA POSEÍDA: DICENQUE TOMABAIS IMÁGENES DESDE LA CUBIERTA DE LA ÓPERA GARNIER. DECÍAN QUE CAPTURABAIS LOS LAMENTOS DE LA LUNA SOBRE PARÍS.

LUEGO, TE MARCHASTE A IBIZA, CON TU HIJO Y CASI EN SECRETO. DIJISTE QUE CHRISTIAN AARON ERA HIJO DE ALAIN DELON Y DE UN PASADO AMOR QUE DEJÓ CICATRICES EN LA SANGRE.

NICO
DESERTSHORE
NICO
THE END
LEE STRASBERG
THE METHOD

TU ÚLTIMO DISCO, 'CAMERA OBSCURA', TENÍA ALGO DE RESPONSO Y DE CANTO MORTUORIO DE QUIEN SE DESPIDE DEL MUNDO. ¿HABÍAS QUERIDO ANTICIPAR TU EPITAFIO DE EXILIADA EN LA TIERRA? Y A LA VEZ, CON SU PERFECTA TRISTEZA, ERA UNA OBRA MAESTRA.

UN DÍA, MIENTRAS PASEABAS POR LA CIUDAD EN BICICLETA, OCURRIÓ AQUELLO: SE TE PARÓ EL CORAZÓN Y TE DESPLOMASTE.

TU CABEZA SE GOLPEÓ TERRIBLEMENTE CONTRA EL SUELO. ALGUIEN TE LLEVÓ AL HOSPITAL: NO ACERTARON CON EL DIAGNÓSTICO, NI ERA INSOLACIÓN NI EL RESCOLDO DE UNA NOCHE DE EXCESOS. Y AL DÍA SIGUIENTE FALLECÍAS DE UN DERRAME CEREBRAL.

TÚ, CHRISTA PÄFFGEN, INOLVIDABLE NICO QUE JAMÁS QUISISTE RENUNCIAR A LAS SUCESIVAS FORMAS DEL LUTO.

RECUERDO CUANDO LLEGÓ LA NOTICIA A MI PERIÓDICO, EL DÍA DE ARAGÓN. FUE HACIA LAS SEIS DE LA TARDE.

EL REDACTOR MUSICAL DIJO: "NICO, EL ANIMAL MÁS BELLO DE LA MÚSICA, EL ÁNGEL TERRIBLE, LA MUJER FATAL Y PROVOCADORA, HA CANTADO SU ÚLTIMA MELODÍA".

COGIÓ EL RETRATO TUYO QUE MANDÓ LA AGENCIA Y LO ROMPIÓ EN DOS MITADES. ASÍ SALISTE: CON EL ROSTRO Y LOS OJOS PARTIDOS, Y EL CABELLO MUY RUBIO.

el día
PERIODICO ARAGONES INDEPENDIENTE

"UNA CAÍDA DE BICICLETA PONE FIN AL ENIGMA DE NICO", DECÍA EL TITULAR.

EN LETRAS MÁS PEQUEÑAS SE AÑADÍA: "LA CANTANTE, MODELO Y ACTRIZ ALEMANA MURIÓ EN IBIZA, DONDE SE HABÍA RECLUIDO CON SUS FANTASMAS".

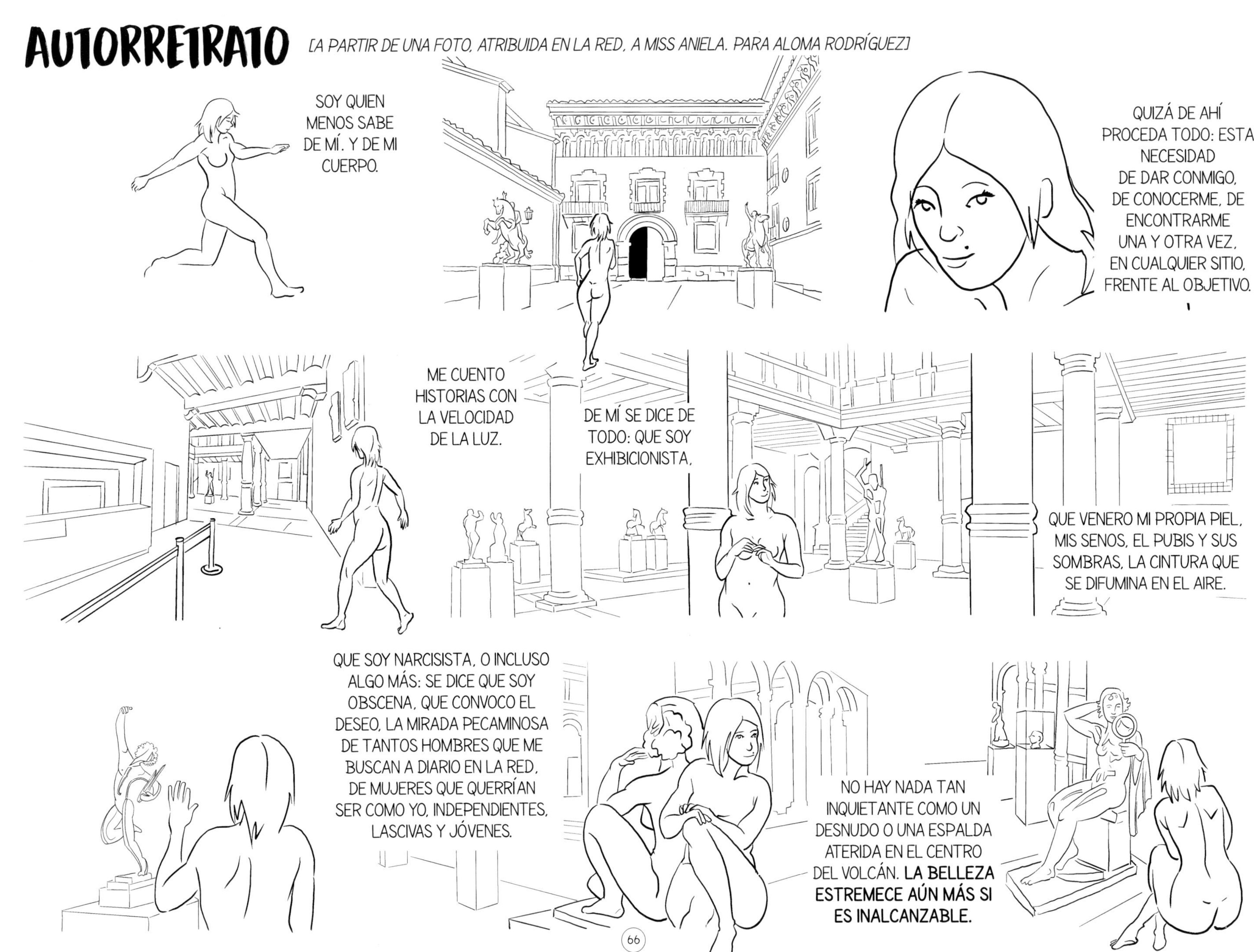

AUTORRETRATO [A PARTIR DE UNA FOTO, ATRIBUIDA EN LA RED, A MISS ANIELA. PARA ALOMA RODRÍGUEZ]

SOY QUIEN MENOS SABE DE MÍ. Y DE MI CUERPO.

QUIZÁ DE AHÍ PROCEDA TODO: ESTA NECESIDAD DE DAR CONMIGO, DE CONOCERME, DE ENCONTRARME UNA Y OTRA VEZ, EN CUALQUIER SITIO, FRENTE AL OBJETIVO.

ME CUENTO HISTORIAS CON LA VELOCIDAD DE LA LUZ.

DE MÍ SE DICE DE TODO: QUE SOY EXHIBICIONISTA,

QUE VENERO MI PROPIA PIEL, MIS SENOS, EL PUBIS Y SUS SOMBRAS, LA CINTURA QUE SE DIFUMINA EN EL AIRE.

QUE SOY NARCISISTA, O INCLUSO ALGO MÁS: SE DICE QUE SOY OBSCENA, QUE CONVOCO EL DESEO, LA MIRADA PECAMINOSA DE TANTOS HOMBRES QUE ME BUSCAN A DIARIO EN LA RED, DE MUJERES QUE QUERRÍAN SER COMO YO, INDEPENDIENTES, LASCIVAS Y JÓVENES.

NO HAY NADA TAN INQUIETANTE COMO UN DESNUDO O UNA ESPALDA ATERIDA EN EL CENTRO DEL VOLCÁN. LA BELLEZA ESTREMECE AÚN MÁS SI ES INALCANZABLE.

66

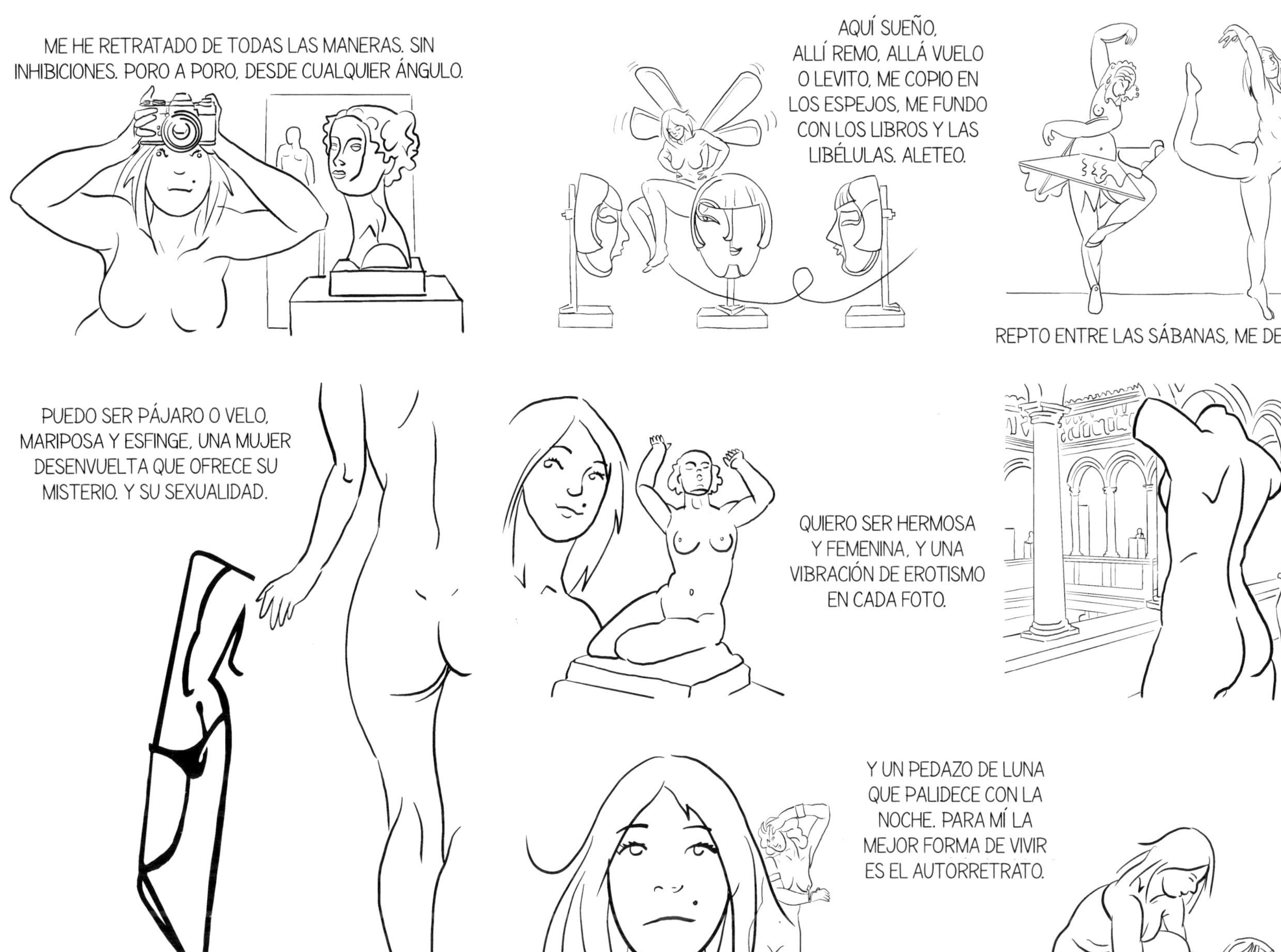

ME HE RETRATADO DE TODAS LAS MANERAS. SIN INHIBICIONES. PORO A PORO, DESDE CUALQUIER ÁNGULO.

AQUÍ SUEÑO, ALLÍ REMO, ALLÁ VUELO O LEVITO, ME COPIO EN LOS ESPEJOS, ME FUNDO CON LOS LIBROS Y LAS LIBÉLULAS. ALETEO.

REPTO ENTRE LAS SÁBANAS, ME DESMAYO EN LOS SOFÁS.

PUEDO SER PÁJARO O VELO, MARIPOSA Y ESFINGE, UNA MUJER DESENVUELTA QUE OFRECE SU MISTERIO. Y SU SEXUALIDAD.

QUIERO SER HERMOSA Y FEMENINA, Y UNA VIBRACIÓN DE EROTISMO EN CADA FOTO.

Y UN PEDAZO DE LUNA QUE PALIDECE CON LA NOCHE. PARA MÍ LA MEJOR FORMA DE VIVIR ES EL AUTORRETRATO.

ME MULTIPLICO EN EL VIENTO, SOY TAN A MENUDO OTRA QUE A VECES NO ME RECONOZCO EN LAS SUCESIVAS TRANSFORMACIONES DE MI CUERPO.

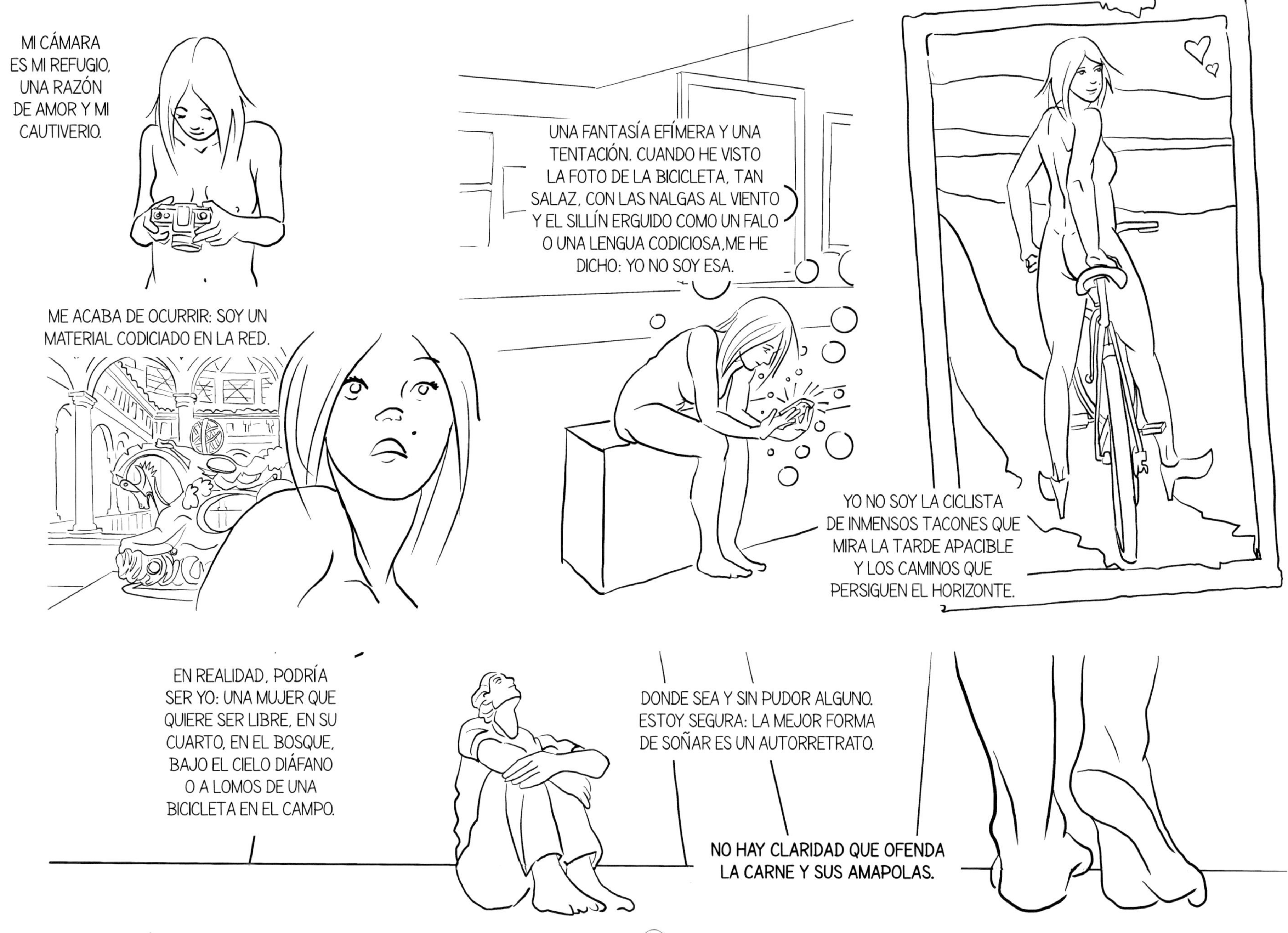

MI CÁMARA ES MI REFUGIO, UNA RAZÓN DE AMOR Y MI CAUTIVERIO.

ME ACABA DE OCURRIR: SOY UN MATERIAL CODICIADO EN LA RED.

EN REALIDAD, PODRÍA SER YO: UNA MUJER QUE QUIERE SER LIBRE, EN SU CUARTO, EN EL BOSQUE, BAJO EL CIELO DIÁFANO O A LOMOS DE UNA BICICLETA EN EL CAMPO.

UNA FANTASÍA EFÍMERA Y UNA TENTACIÓN. CUANDO HE VISTO LA FOTO DE LA BICICLETA, TAN SALAZ, CON LAS NALGAS AL VIENTO Y EL SILLÍN ERGUIDO COMO UN FALO O UNA LENGUA CODICIOSA, ME HE DICHO: YO NO SOY ESA.

YO NO SOY LA CICLISTA DE INMENSOS TACONES QUE MIRA LA TARDE APACIBLE Y LOS CAMINOS QUE PERSIGUEN EL HORIZONTE.

DONDE SEA Y SIN PUDOR ALGUNO. ESTOY SEGURA: LA MEJOR FORMA DE SOÑAR ES UN AUTORRETRATO.

NO HAY CLARIDAD QUE OFENDA LA CARNE Y SUS AMAPOLAS.

ELEGÍA A LAURENT FIGNON (1960–2010)

A MIGUEL MENA, CICLISTA QUE ESCRIBE EN LA RADIO DE LA VIDA.

ALGUNOS CAMPEONES PARECEN SURGIR DE LA NADA.

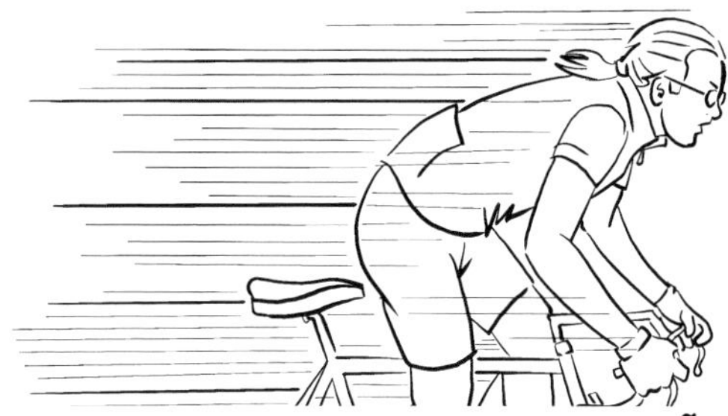

DESCIENDEN SOBRE LA TIERRA COMO EL ÁGUILA DE LOS MONTES O COMO EL RUDO TEJÓN DISPUESTOS A CONQUISTARLO TODO: LA NIEBLA DE LAS CUMBRES, LA LLUVIA DE LOS DESCENSOS, LOS PELIGROSOS BARRIZALES, LOS KILÓMETROS DEL LLANO.

LAURENT FIGNON, COMO ANTES **COPPI**, **OCAÑA** O **CHARLY GAUL**, APARECIÓ DE GOLPE CON UNA PEDALADA INSACIABLE, CON ESA ARROGANCIA JUVENIL QUE ES DESPARPAJO Y DESAFÍO.

ERA UNO DE LOS JÓVENES PUPILOS DEL BRETÓN **BERNARD HINAULT**, AL QUE LLAMABAN *EL INTRATABLE SEÑOR DE LOS BOSQUES.*

EL LEÑADOR. **FIGNON** APENAS TENÍA 23 AÑOS. SURGIÓ, DEMARRÓ Y TOMÓ DISTANCIA: VOLÓ HACIA EL **ALPE D'HUEZ** Y **LA PLAGNE** ANTE EL ESTUPOR GENERAL, VOLÓ HACIA PARÍS A TUMBA ABIERTA EN PLENA INSURRECCIÓN: APROVECHÓ UNA CAÍDA DE **PASCAL SIMON** Y TODAS LAS ESCARAMUZAS DE **ÁNGEL ARROYO** Y DE OTRO DEBUTANTE: **PERICO DELGADO**.

EXHIBIÓ UN TALENTO INNATO Y UN GRAN SENTIDO DE LA AVENTURA.

SE CONVIRTIÓ EN EL CAMPEÓN MÁS JOVEN DESDE HACÍA EXACTAMENTE MEDIO SIGLO: DESDE QUE EN 1933 VENCIESE **GEORGES SPEICHER**.

PARIS

VOLVIÓ A GANAR EN 1984 EN UNA CARRERA INCONTESTABLE Y SU JEFE DE FILAS NO SE LO PODÍA CREER.

¿ADÓNDE VA ESE LOCO CON SUS GAFAS EMPAÑADAS Y EL CABELLO DE ORO DESLUCIDO? ¿POR QUÉ ME ABANDONA EN EL FANGO, POR QUÉ ME BURLA EN CUALQUIER CALZADA, CÓMO SE ATREVE A HUMILLAR AL CAMPEÓN?, SE PREGUNTABA EL 'CAIMÁN QUE A TODO ASPIRABA, COMO **MERCKX**, Y QUE SE QUEDÓ PETRIFICADO, MUY LEJOS, A MÁS DE DIEZ MINUTOS.

XIII

LA MORT

FIGNON ERA ASÍ: POSEÍA CORAJE Y ORGULLO. NI ACEPTABA UN RELEVO NI QUERÍA QUE LO AMASEN MÁS: **SOLO CORRÍA PARA GANAR**. TENÍA ALMA DE ESTRATEGA, DE VIVIDOR Y DE ROQUERO FUERA DE SITIO.

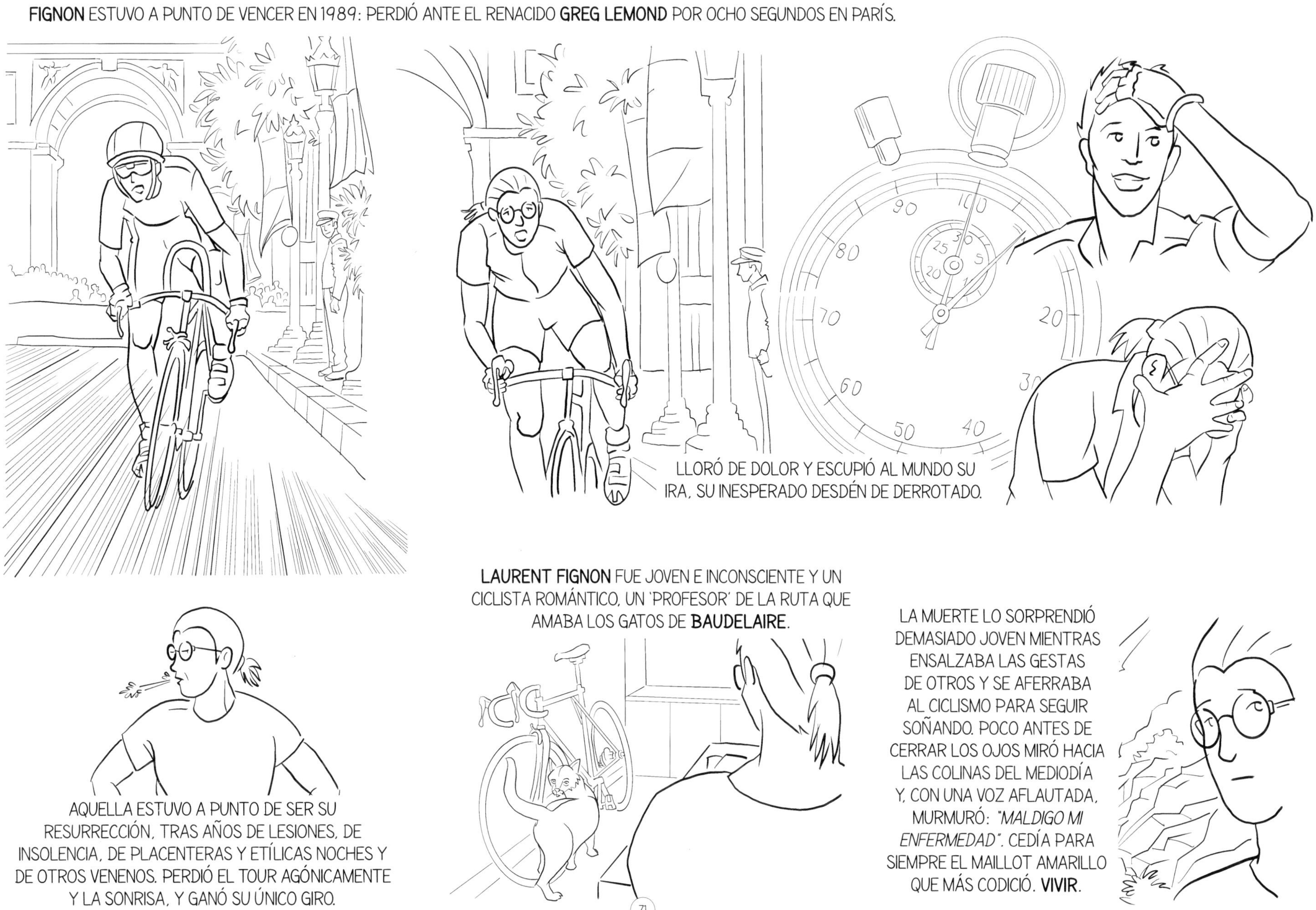

LLORÓ DE DOLOR Y ESCUPIÓ AL MUNDO SU IRA, SU INESPERADO DESDÉN DE DERROTADO.

AQUELLA ESTUVO A PUNTO DE SER SU RESURRECCIÓN, TRAS AÑOS DE LESIONES, DE INSOLENCIA, DE PLACENTERAS Y ETÍLICAS NOCHES Y DE OTROS VENENOS. PERDIÓ EL TOUR AGÓNICAMENTE Y LA SONRISA, Y GANÓ SU ÚNICO GIRO.

LAURENT FIGNON FUE JOVEN E INCONSCIENTE Y UN CICLISTA ROMÁNTICO, UN 'PROFESOR' DE LA RUTA QUE AMABA LOS GATOS DE **BAUDELAIRE**.

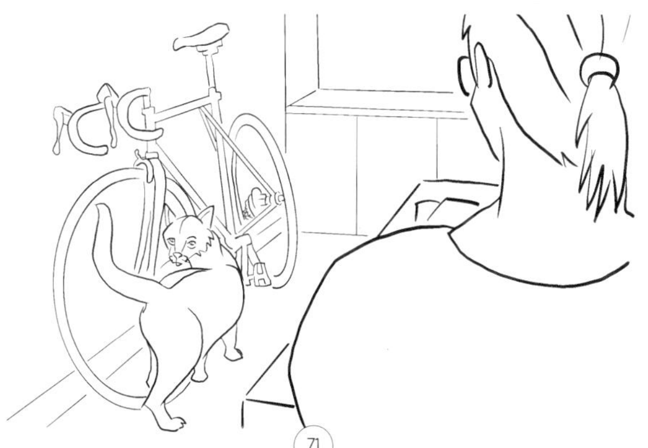

LA MUERTE LO SORPRENDIÓ DEMASIADO JOVEN MIENTRAS ENSALZABA LAS GESTAS DE OTROS Y SE AFERRABA AL CICLISMO PARA SEGUIR SOÑANDO. POCO ANTES DE CERRAR LOS OJOS MIRÓ HACIA LAS COLINAS DEL MEDIODÍA Y, CON UNA VOZ AFLAUTADA, MURMURÓ: *"MALDIGO MI ENFERMEDAD"*. CEDÍA PARA SIEMPRE EL MAILLOT AMARILLO QUE MÁS CODICIÓ. **VIVIR.**

RAMÓN ACÍN, 1906

MIRA QUÉ SEGURO VOY,
QUÉ FELIZ SOBRE LA MÁQUINA,

TAN DE MAÑANA, ALEGRE,
ANTES DE QUE EMPIECEN MIS
CLASES DE GEOMETRÍA
Y DE DIBUJO EN EL AULA.

UN CHIEN
ANDALOU

ESCÓNDETE, SOL DE FUEGO.
APARTA. NO FINJAS MÁS.
NO ERES ÁGUILA NI LANZA.

TAMBIÉN A TI TE FASCINA
ESTE CORMORÁN DE PLATA.

LA CANTANTE

TU VOZ ES UN TESORO INAGOTABLE. LO SÉ DESDE QUE ERA UN ADOLESCENTE, DESDE HACE SIGLOS, DESDE ANTES DE CONOCERTE.

TENGO ANOTADOS EN MI CABEZA TODOS LOS DETALLES, TODAS LAS ANÉCDOTAS, TODAS LAS PUESTAS DE SOL: CÓMO TE CONOCÍ, QUÉ PÁJAROS CRUZABAN EL CIELO, EL SUSPIRO DE LOS ÁRBOLES AL VERTE PASAR POR LA PLAZA, TU TIMIDEZ CASI INFINITA Y AQUELLA MOCHILA LLENA DE DISCOS, DE MELODÍAS, DE DIBUJOS Y DE PIEZAS QUE MODELABAS EN ARCILLA CON LA PUREZA GLACIAL DE UN DESNUDO O UN BESO.

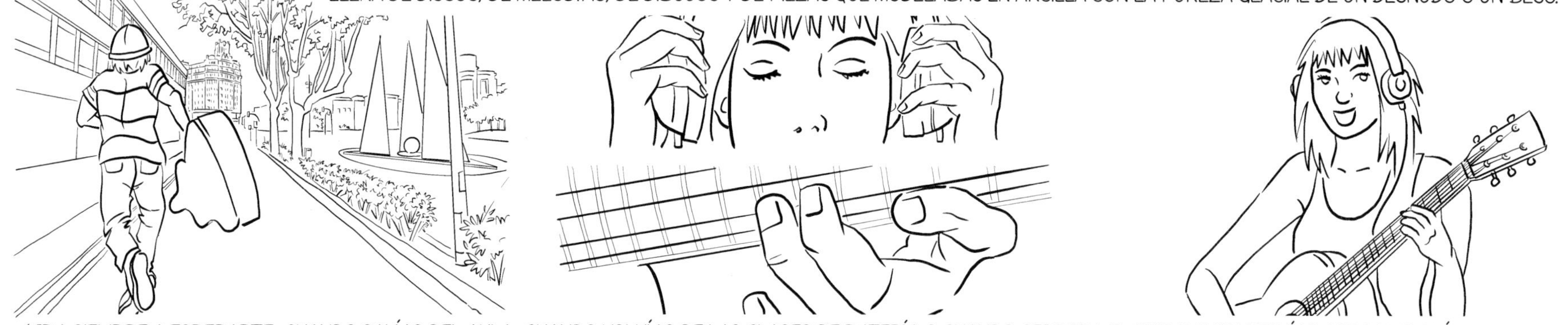

IBA SIEMPRE A ESPERARTE, CUANDO SALÍAS DEL AULA, CUANDO VOLVÍAS DE LAS CLASES DE BATERÍA O CUANDO CERRABA EL PUB DONDE SERVÍAS COPAS Y PONÍAS LA MEJOR MÚSICA DE **JANIS JOPLIN**, DE **KATE BUSH**, O DE AQUELLA **K. D. LANG** INDÓMITA QUE TANTO TE GUSTABA PORQUE VEÍA, DESDE EL AIRE, LA TIERRA, LA NOCHE Y EL MAR.

RECORRÍAMOS LA CIUDAD A PIE O EN BUS, RECORRÍAMOS SUS PORCHES Y SUS PARQUES, SUS CALLES ANCESTRALES DONDE LOS GATOS ASOMABAN A LOS BALCONES Y EL VIENTO ESCULPÍA LA BOHEMIA EN CADA RINCÓN.

NOS ÍBAMOS AL RÍO Y EN LA RIBERA, BAJO LOS SAUCES, SOÑÁBAMOS POEMAS, GRITOS Y MELODÍAS INCONFESABLES.

CUÁNTA VIDA TENÍAMOS ENTRE LOS DEDOS Y LOS LABIOS. CUÁNTA SED DE BELLEZA Y DE RITMOS.

QUÉ LOCURA DE AMOR.

AHORA TODO HA CAMBIADO, PERO QUIZÁ NO TANTO.

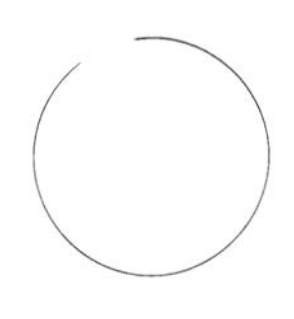

VIVIMOS EN OTRA CIUDAD, EN PISOS SEPARADOS POR UN PARQUE CON LAGO, TERRAZAS Y CISNES.

TODO HA CAMBIADO, PERO SON IDÉNTICAS LAS EMOCIONES, EL DESEO DE VERTE: **AÚN ME MUERO POR OÍRTE.**

TRAS EL YOGA Y EL TAICHÍ DE LAS DIEZ SALGO HACIA EL ESTUDIO. **IMAGÍNAME:** SALGO A BUSCARTE, CON MIS CASCOS Y LA BICICLETA DE PASEO.

CASI COMO ENTONCES: TEMBLANDO. TU VOZ ES UN TESORO INAGOTABLE. EL CANTO Y EL CÁNTICO, EL SURTIDOR DE LA LUZ, EL RUMOR IMPRESCINDIBLE DE MIS DÍAS.

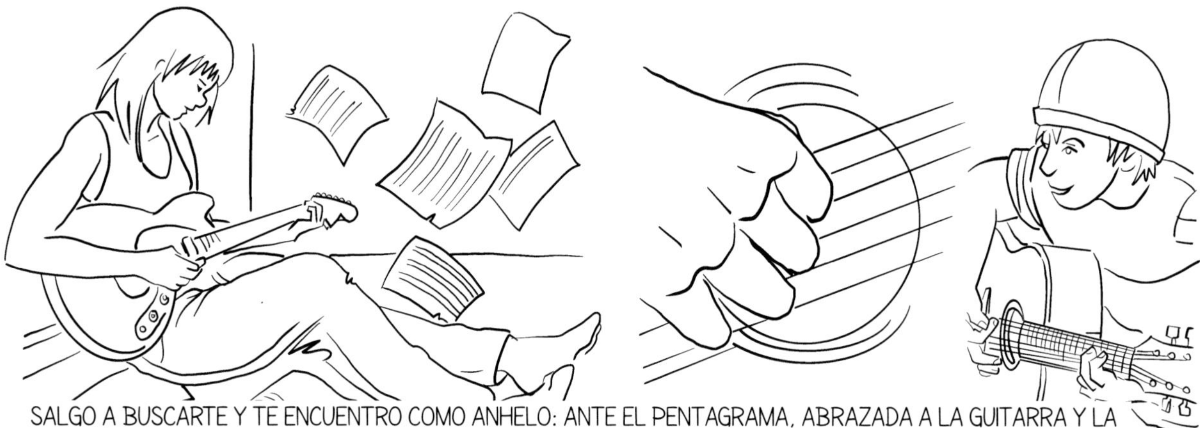

SALGO A BUSCARTE Y TE ENCUENTRO COMO ANHELO: ANTE EL PENTAGRAMA, ABRAZADA A LA GUITARRA Y LA ARMÓNICA, Y DISPUESTA A SEGUIR CANTANDO UNA MELODÍA ABRASADORA Y PERFECTA, UNA TRAS OTRA.

ESTÁS EN EL CENTRO DE LA TORMENTA Y ERES LA TORMENTA, LA LLUVIA, EL CIERZO Y EL TEMBLOR DE LOS MANANTIALES.

SACO MI GUITARRA ACÚSTICA, LA AFINO Y TE ACOMPAÑO: ES CIERTO, LO RECONOZCO, DESFALLEZCO CUANDO CANTAS Y RESUCITO MINUTO A MINUTO MIENTRAS TE AMO.

AL CICLISTA LE APASIONAN LAS RAMPAS. POR ESO SIEMPRE BUSCA CUESTAS PARA EXPLOTAR SUS DESARROLLOS, PARA PROBARSE.

EN UNA DE ESAS PESQUISAS DE NUEVAS RUTAS, ME ENCONTRÉ CON UN PICADERO. O QUIZÁ SEAN DOS: ESTÁN TAN JUNTOS QUE SE CONFUNDEN.

EL CABALLO, COMO EL TIGRE, ES UN ANIMAL ARMONIOSO. ENCARNA LA ELEGANCIA, LA FUERZA, EL DOMINIO DEL HORIZONTE, EL GALOPE EN LIBERTAD QUE DESMIGAJA LAS NUBES.

POSEE UNA BELLEZA ANTIGUA Y SEÑORIAL, DIBUJADA TRAZO A TRAZO, CURVA A CURVA, DESDE EL TORRENTE DE LA COLA HASTA LA ALZADA Y ESOS OJOS INMENSOS DE TERCIOPELO.

SOLO HE MONTADO TRES VECES A LOMOS DE UN CABALLO: SE LLAMABA ROMERO Y ME LLEVÓ, DESPACIOSO, POR UN BOSQUE DE EUCALIPTOS Y DE CEDROS HASTA EL MAR.

QUIZÁ NO EXISTA UNA TAREA TAN FASCINANTE COMO DOMINAR UN CABALLO: SOMETERLO A UN RITMO NUEVO, A UNA VOZ APACIBLE, HACERLE ENTENDER QUE EL JINETE ES SU DUEÑO Y SU CÓMPLICE.

EL CABALLISTA QUE ESPERABA PARA COMPARTIR SU SUERTE: SU SEÑOR Y SU AMIGO. JAMÁS LE DEJARÁ SOLO. TODOS LOS DÍAS PEDALEO ANTE ESA GRANJA, CON OBSTÁCULOS ROJOS Y AZULES Y ANDADORES, EN EL QUE UNA MUJER DIALOGA CON UN CABALLO.

SE MUEVE A SU ALREDEDOR COMO UNA BAILARINA, LE MIRA A LOS OJOS, LE HABLA (CON GRUÑIDOS, CON ONOMATOPEYAS, CON PEQUEÑAS Y AMOROSAS FRASES) Y SIEMPRE HAY UN INSTANTE EN QUE EL ANIMAL SE DETIENE, VENCIDO O SEDUCIDO. ENTONCES ELLA SE ACERCA, LO ACARICIA Y TENGO LA SENSACIÓN DE QUE SU MELENA SE CONFUNDE CON LAS CRINES DEL CABALLO.

YO TAMBIÉN DOY MIS RODEOS PARA VERLA MEJOR, TAN SEGURA DE SUS MOVIMIENTOS Y DE SU CUERPO OBSERVADO.

SOY UN MIRÓN EN BICICLETA. ME GUSTA ESA IMAGEN: LA AMAZONA Y SU ALAZÁN. PERO AÚN ME GUSTA MÁS CUANDO ELLA LO MONTA Y SALEN AL TROTE POR LOS CAMPOS.

DE LEJOS, LOS PERSIGO: ME OLVIDO DE TODO, DE LAS CUESTAS, DEL SUDOR Y DEL SOL AGOBIANTE. DE VEZ EN CUANDO, IRRUMPEN SIN PRISA ENTRE LA FLORESTA COMO UNA APARICIÓN.

LA DIOSA DEL MEDIODÍA A CABALLO.

CUALQUIERA DÍA NOS ENCONTRAREMOS DE FRENTE Y YO NO SABRÉ QUÉ DECIRLE NI EXPLICARLE POR QUÉ LA ESPÍO. POR QUÉ LOS ESPÍO A LOS DOS CUANDO CABALGAN, TAN CONFIADOS, EN MEDIO DE ESTOS MARES DE MAÍZ.

ZARAGOZA, 2008

SI NO HUBIÉSEMOS VISTO CRECER CASI METRO A METRO, CRISTAL A CRISTAL, ESOS VOLÚMENES, ESAS ESPIRALES CONTRA EL CIERZO, ESE CESTO CON MARGARITAS Y CEREZAS, HABRÍAMOS DICHO: "NO. ÉSTA NO ES ZARAGOZA. NO ES ESTA LA CIUDAD BIMILENARIA Y MUDÉJAR QUE SE HA ASENTADO A ORILLAS DEL EBRO CON SUS TORRES, SUS ALMENAS Y EL OCRE TAPIZ DE LOS TEJADOS".

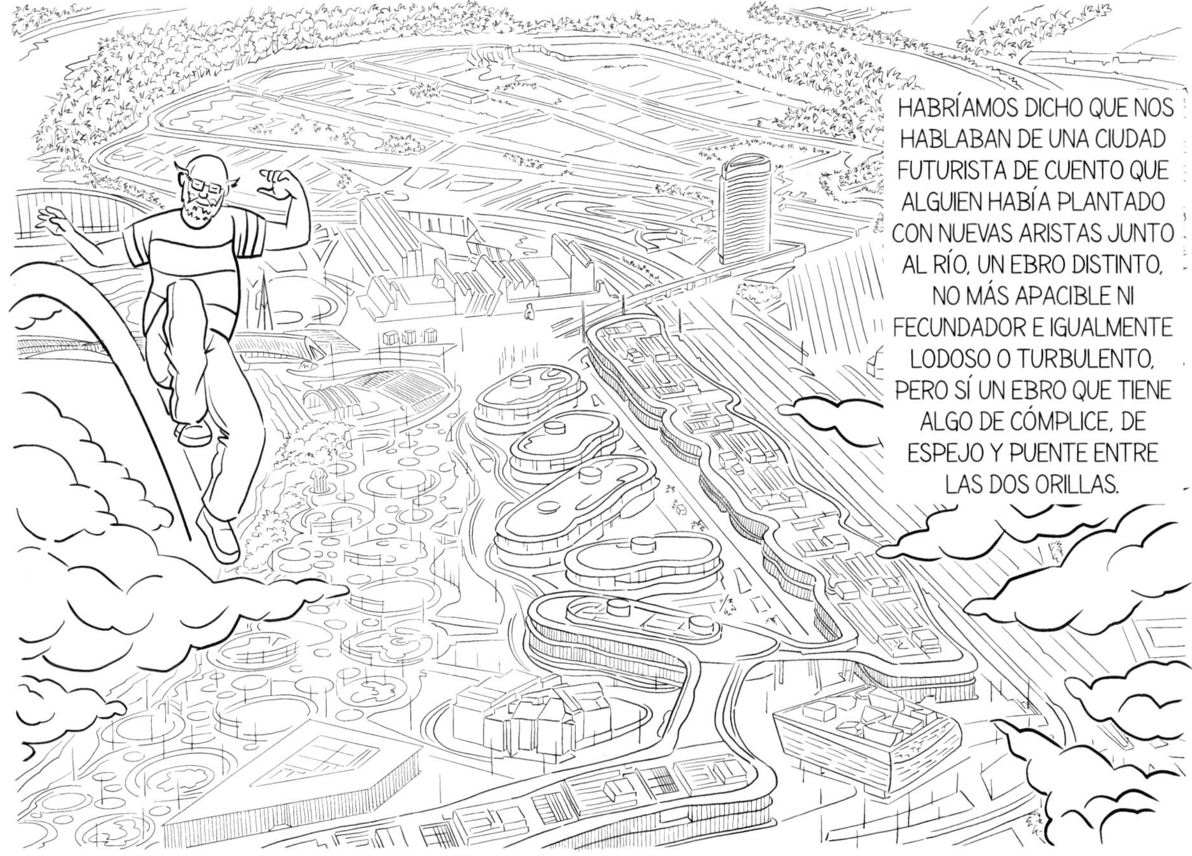

HABRÍAMOS DICHO QUE NOS HABLABAN DE UNA CIUDAD FUTURISTA DE CUENTO QUE ALGUIEN HABÍA PLANTADO CON NUEVAS ARISTAS JUNTO AL RÍO, UN EBRO DISTINTO, NO MÁS APACIBLE NI FECUNDADOR E IGUALMENTE LODOSO O TURBULENTO, PERO SÍ UN EBRO QUE TIENE ALGO DE CÓMPLICE, DE ESPEJO Y PUENTE ENTRE LAS DOS ORILLAS.

UN EBRO QUE ACERCA, QUE ES AVENIDA Y UMBRAL DE TODOS LOS DESTINOS. LA CIUDAD HA TRANSFORMADO SUS ALTURAS, SUS RESPLANDORES, LAS LÍNEAS DE LUZ QUE PUGNAN CON EL HORIZONTE.

ZARAGOZA, LA NOVIA DEL VIENTO, HA CAMBIADO SU ROSTRO, SU ATMÓSFERA, LA TEXTURA DE SUS CELAJES Y LOS MATERIALES DE SUS ÍNTIMOS TEJIDOS.

HASTA ANTEAYER LAS RIBERAS ERAN ARISCAS COMO EL PROPIO EBRO, ENSORTIJADO DE LEYENDAS TENEBROSAS; HASTA ANTEAYER LA CORRIENTE VIAJABA ALLÁ ABAJO, CASI INACCESIBLE, ENCAJONADA Y DISTANTE Y, DE CUANDO EN CUANDO, REGALABA UN PUÑADO DE ROSADOS ALBERGES A QUIEN SE ATREVÍA A EXTENDER LA MANO O ADENTRARSE EN SUS BOSQUES.

HASTA ANTEAYER NO VIVÍAMOS EL RÍO COMO EL MANANTIAL IMPRESCINDIBLE DE VIDA, EL ESPEJO, EL ESCENARIO DE NUESTRO SOLAZ A LA INTEMPERIE, DE NUESTRO PASEO EN BIZI-CLETA.

SOSPECHÁBAMOS QUE DEBÍA SERLO, SOÑÁBAMOS QUE LO FUERA, QUERÍAMOS VIVIR EN EL RÍO Y CON EL RÍO, QUERÍAMOS DESTERRAR ESE TERRITORIO DE FRONTERA Y ESE MALEFICIO ANTIGUO, Y AHORA YA CASI LO HEMOS LOGRADO: YA NO HAY DOS ZARAGOZAS PARALELAS E IRRECONCILIABLES. SOLO HAY UNA, QUE SE AGIGANTA, QUE SE MULTIPLICA EN SALIDAS Y ENTRADAS, EN PUENTES Y PASARELAS, EN OBSERVATORIOS DE CONVIVENCIA Y ACASO DE FELICIDAD.

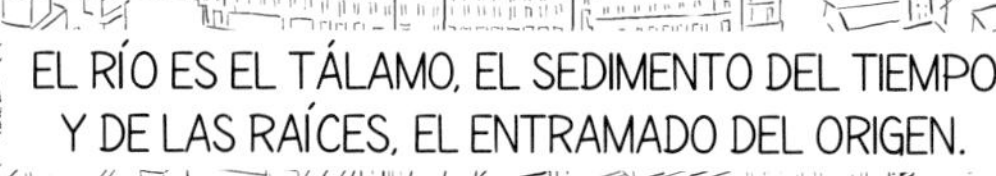

EL RÍO ES EL TÁLAMO, EL SEDIMENTO DEL TIEMPO Y DE LAS RAÍCES, EL ENTRAMADO DEL ORIGEN.

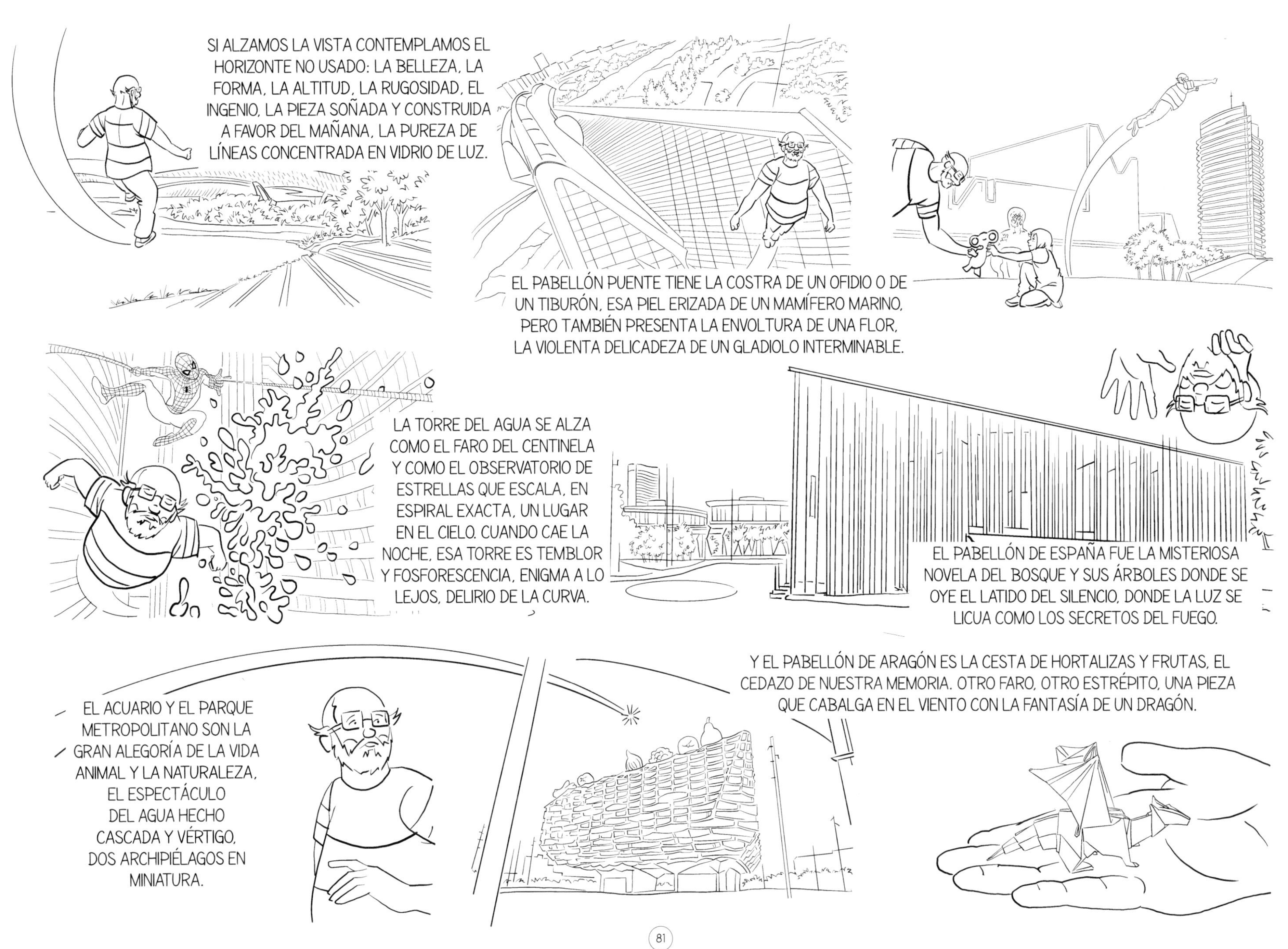

SI ALZAMOS LA VISTA CONTEMPLAMOS EL HORIZONTE NO USADO: LA BELLEZA, LA FORMA, LA ALTITUD, LA RUGOSIDAD, EL INGENIO, LA PIEZA SOÑADA Y CONSTRUIDA A FAVOR DEL MAÑANA, LA PUREZA DE LÍNEAS CONCENTRADA EN VIDRIO DE LUZ.

EL PABELLÓN PUENTE TIENE LA COSTRA DE UN OFIDIO O DE UN TIBURÓN, ESA PIEL ERIZADA DE UN MAMÍFERO MARINO, PERO TAMBIÉN PRESENTA LA ENVOLTURA DE UNA FLOR, LA VIOLENTA DELICADEZA DE UN GLADIOLO INTERMINABLE.

LA TORRE DEL AGUA SE ALZA COMO EL FARO DEL CENTINELA Y COMO EL OBSERVATORIO DE ESTRELLAS QUE ESCALA, EN ESPIRAL EXACTA, UN LUGAR EN EL CIELO. CUANDO CAE LA NOCHE, ESA TORRE ES TEMBLOR Y FOSFORESCENCIA, ENIGMA A LO LEJOS, DELIRIO DE LA CURVA.

EL PABELLÓN DE ESPAÑA FUE LA MISTERIOSA NOVELA DEL BOSQUE Y SUS ÁRBOLES DONDE SE OYE EL LATIDO DEL SILENCIO, DONDE LA LUZ SE LICUA COMO LOS SECRETOS DEL FUEGO.

EL ACUARIO Y EL PARQUE METROPOLITANO SON LA GRAN ALEGORÍA DE LA VIDA ANIMAL Y LA NATURALEZA, EL ESPECTÁCULO DEL AGUA HECHO CASCADA Y VÉRTIGO, DOS ARCHIPIÉLAGOS EN MINIATURA.

Y EL PABELLÓN DE ARAGÓN ES LA CESTA DE HORTALIZAS Y FRUTAS, EL CEDAZO DE NUESTRA MEMORIA. OTRO FARO, OTRO ESTRÉPITO, UNA PIEZA QUE CABALGA EN EL VIENTO CON LA FANTASÍA DE UN DRAGÓN.

DESDE ARRIBA Y EN CUALQUIER DIRECCIÓN SE ESPARCE ESTA MODERNA ZARAGOZA, ESTA GEOMETRÍA INACABABLE DE HORMIGÓN, ALUMINIO, FIBROCEMENTO Y CRISTAL. ABAJO, COMO UN ESPEJO QUE FLUYE, EL AGUA COPIA Y DIFUNDE TODOS LOS FULGORES, TODOS LOS MENSAJES AL FUTURO.

AVITUALLAMIENTO II

QUÉ IMPORTANTES HAN SIDO LAS HIGUERAS EN MI VIDA. DESDE LA NIÑEZ. HAN SIDO MI ÁRBOL FAVORITO, CON SUS PITAS AGRIAS Y ESAS HOJAS RUGOSAS, HURAÑAS COMO LIJAS.

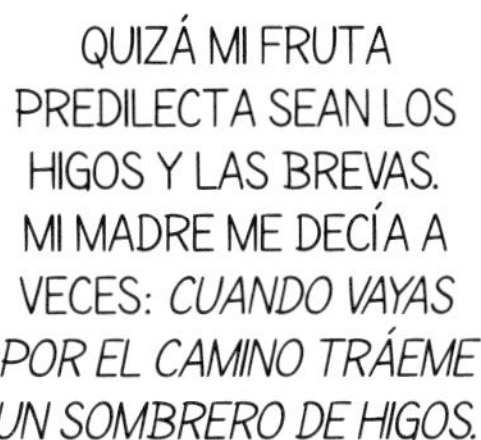

RECUERDO QUE MI MADRE LES PONÍA NOMBRES: RAMONA, CLARISA, BARRIGA VERDE, BRAVÍA.

QUIZÁ MI FRUTA PREDILECTA SEAN LOS HIGOS Y LAS BREVAS. MI MADRE ME DECÍA A VECES: *CUANDO VAYAS POR EL CAMINO TRÁEME UN SOMBRERO DE HIGOS.*

SIEMPRE COLGABAN DE LAS HUERTAS O ESCALABAN, INCONTENIBLES, POR ENCIMA DE LOS MUROS.

LOS COGÍA, LOS HIGOS Y LAS BREVAS, Y EN DIRECCIÓN A CASA ABRÍA DOS O TRES: ERA UNA SENSACIÓN LUJURIOSA ANTES DE SABER QUE ERA LA LUJURIA.

LA CARNE ROJA, ENCENDIDA DE MIEL, LA FRAGANCIA, EL IMPERCEPTIBLE MOVIMIENTO DE LOS LÍQUIDOS Y LA PULPA. SOLO COMÍA DOS O TRES.

LUEGO MI MADRE LAVABA LOS HIGOS, LOS COLOCABA EN UN PLATO Y DECÍA: *AHÍ TIENES LA MERIENDA.* LA MEJOR MERIENDA DE AGOSTO. ELLA SE CONFORMABA CON UNO Y UN POCO DE PAN.

TRAS LA LEVE RAMPA, DEJO ATRÁS LA TORRE DE LOS PIQUEROS. ES GRANDE, ESTÁ VALLADA Y TIENE UNA PISCINA INTERIOR EN MEDIO DE UN JARDÍN SOMBRÍO. ES COMO UNA MANSIÓN VARADA EN UNA ATMÓSFERA DE CINE MUDO.

MUY CERCA ESTÁ LA HIGUERA. ES UN ÁRBOL FRONDOSO CUYAS COPAS DEJAN UNA SUERTE DE REFUGIO O DE CUEVA EN EL CENTRO, ALREDEDOR DEL TALLO. ES COMO UN LUGAR PARA SOÑAR, PARA APLICAR LA OREJA SOBRE EL SUELO Y ESCUCHAR LOS INCESANTES ESTREMECIMIENTOS DE LA TIERRA.

ESE LATIDO SECO, EXASPERADO POR EL FUEGO DEL VERANO, QUE ALLÍ SE PERCIBE MUY BIEN. COMO SI FUERA UNA CONTRACCIÓN ANTIGUA, UNA MÚSICA PÉTREA, UN SILENCIO DE METALES PREHISTÓRICOS.

ESA PARADA ES, TAL VEZ, LO MEJOR DEL PASEO EN BICICLETA.

EN UNA HIGUERA SEMEJANTE ME ESCONDÍA CON UNA NIÑA DE MI EDAD. NOS OCULTÁBAMOS DE TODOS A CUALQUIER HORA EN OTRO AGOSTO REMOTO E INOLVIDABLE. ESTIRÁBAMOS LA MANO Y COGÍAMOS HIGOS.
HIGOS VERDES QUE NOS HINCHABAN LOS LABIOS. UN DÍA DESCUBRIMOS QUE AQUEL ESCOZOR PODÍA MITIGARSE, LEVEMENTE, CON LOS BESOS.
NOS TENDÍAMOS EN EL SUELO Y MIRÁBAMOS HACIA ARRIBA: PARECÍA QUE EL ÁRBOL SE HUBIERA LLENADO DE ESTRELLAS. Y NOS QUEDÁBAMOS DORMIDOS EN MEDIO DE UNA SECRETA NOCHE DE AMOR.

VINE A TU CIUDAD ANTES DE SABER QUE EXISTÍAS. VINE A TU CIUDAD SIN SABER NADA DE ELLA. O SABIENDO, APENAS, ALGUNOS NOMBRES PROPIOS: EL EBRO, EL PILAR, LA ROMAREDA, VIOLETA, LAPETRA, PERICO FERNÁNDEZ, LABORDETA Y FRANCISCO DE GOYA.

ME GUSTÓ SU HOSPITALIDAD, EL AIRE FAMILIAR DE INDEPENDENCIA Y EL CASCO VIEJO A CUALQUIER HORA; SUS TABERNAS, SUS COMERCIOS, LA GENTE QUE PELEA CON EL SOL QUE SE DERRAMA EN CUBOS Y PEINA DE FUEGO LAS TORRES MUDÉJARES.

LA CIUDAD NUEVA

TARDÉ MESES EN ENTENDERLA Y EN HACERLA MÍA.

ME GUSTÓ, SOBRE TODO, LA RIBERA DEL EBRO: ESE RÍO SIEMPRE HA SIDO PARA MÍ UNA PROMESA DE FELICIDAD, DE PONIENTES Y DE PASEOS.

CUANDO DECLINABA LA TARDE ME ACERCABA A SUS ORILLAS: MIRABA EN TODAS LAS DIRECCIONES, EN BUSCA DEL MONCAYO, DE LOS BARCOS IMPOSIBLES Y DE LA ARBOLEDA DE MACANAZ.

ME IBA HASTA SUS UMBRÍAS Y ME QUEDABA ALLÍ, SOLO O CONTIGO, ANTE EL ESPEJO DEL RÍO: HABÍA UN INSTANTE EN QUE LA CORRIENTE COPIABA LOS EDIFICIOS, LOS PUENTES O LA AFILADA SOMBRA DE LAS PIRAGUAS. TAMBIÉN ME FASCINÓ HELIOS.

ME IBA A SUS ALREDEDORES PARA ADIVINAR MEJOR LO QUE HABÍA DENTRO: SUS PISCINAS, SUS VERGELES, AQUEL CHALÉ QUE INMORTALIZÓ FRANCISCO MARÍN BAGÜÉS EN UN CUADRO MODERNO Y MISTERIOSO: 'LOS PLACERES DEL EBRO'.

LA CIUDAD CRECÍA FUERA Y DENTRO DE MÍ. SE AGIGANTABA COMO TE AGIGANTABAS TÚ, COMO TE VOLVÍAS MÁS CERCANA.

LA CIUDAD SE ADUEÑABA DE MÍ CON TODOS SUS RINCONES: POBLABA MIS SUEÑOS, SUS CAMPANAS SONABAN EN MIS NOCHES DE DESVELO, ME EXTRAVIABA EN SUS JARDINES Y SUS AVENIDAS. DE NOCHE Y DE DÍA, SOLO O CONTIGO, LA RECORRÍA DE PUNTA A PUNTA. EN LA OSCURIDAD TE MIRÉ A LOS OJOS Y DIJE: *"AMOR MÍO"*.

HEMOS VIVIDO EN UN MONTÓN DE SITIOS. EN UN ÁTICO QUE PARECÍA EL OBSERVATORIO DE LAS ESTRELLAS FUGACES.

EN UNA CALLE SÓRDIDA, PARA TI LA CALLE DE LA ALEGRÍA, QUE EXHALABA A CUALQUIER HORA UN AGOBIANTE OLOR A QUESO.

ÉRAMOS FELICES: PASEÁBAMOS UN PERRO AZAFRANADO, VEÍAMOS LA ALTIVA **TORRE DE LA MAGDALENA**; LA VIDA, ENTONCES, SE ALIMENTABA DE PEQUEÑOS GESTOS Y DE LOS BESOS NECESARIOS.

AÚN VIVIMOS EN OTROS LUGARES: CERCA DE LA UNIVERSIDAD, EN UN PISO CON MIRADORES, MUCHOS ARMARIOS Y PARQUÉ.

AL FINAL BUSCAMOS EN LAS AFUERAS UNA CASA MÁS AMPLIA. LO TENÍAMOS TODO Y A LA VEZ NO TENÍAMOS NADA.

TE DEFINE EL ARREBATO DEL DESEO, LA UTOPÍA DEL CAMBIO. LA IMAGEN VORAGINOSA DE UN SUEÑO Y SUS ARRABALES. DESPRECIAS LA PEREZA Y MIS HABITUALES FORMAS DEL PÁNICO.

HEMOS VUELTO A MUDARNOS. ERES OTRA Y ERES LA MISMA. PUEDES SER JARDINERA, LABRADORA, COCINERA, UNA MADRE CORAJE Y A LA VEZ UNA SIRENA INCANSABLE EN LA PISCINA.
TU HORA FAVORITA DEL BAÑO ES LA MADRUGADA CUANDO LA LUNA DESPIERTA EL AROMA DE LOS OLIVOS Y LAS GRANADAS.
HOY HEMOS DESCUBIERTO OTRO FRAGMENTO DE LA CIUDAD. LA CIUDAD NUEVA, TE HE OÍDO DECIR. LA CIUDAD QUE NO ACABA, LA CIUDAD QUE SE PROLONGA,
EBRIA DE CALOR Y DE PRADERAS, SALPICADA AQUÍ Y ALLÁ DE PLATANALES Y ESPIRALES DE FRONDA.
DIJISTE: "ESTE ES EL LABERINTO SOLAR, ALLÁ ESTÁ LA PLAZA DE LAS CULTURAS Y MÁS ALLÁ EL LAGO CON SUS PATOS Y SUS PÁJAROS".
LO RECORRIMOS TODO: LOS ANDADORES, LAS CALLES, LA ARQUITECTURA.
INGRESAMOS EN UNO DE LOS LABERINTOS COMO QUIEN JUEGA A PERDERSE BAJO EL ÚNICO TESTIGO DE LA LUZ Y ENSAYA ENTRE LA ESPESURA LAS VOCES DEL AMOR. FUIMOS DOS ADOLESCENTES SALPICADOS POR EL RIEGO.
PREGUNTASTE: "¿Y SI NOS PERDEMOS PARA SIEMPRE AQUÍ DENTRO?".

LUEGO SUBIMOS A LA ATALAYA, ESA TORRE DE BABEL DE METAL DESDE CUYA TERRAZA SE CONTEMPLAN TODOS LOS TRAZADOS.
MIRASTE EN TODAS LAS DIRECCIONES. HACIA EL CANAL IMPERIAL, HACIA EL AEROPUERTO, HACIA EL EBRO Y SUS PUENTES. SOÑABAS A PLENA LUZ.
DIJISTE: "AQUÍ TODOS LOS EDIFICIOS SE FUNDEN CON LA TIERRA Y CON EL CIELO. POR ESO ME GUSTAN".
TE ASOMASTE AL PRECIPICIO MIRASTE, ABAJO, TU BICICLETA.
TU BICICLETA DE PASEO, CON LA QUE AÚN SIGUES EXPLORANDO LAS RUTAS DESCONOCIDAS DE UNA CIUDAD QUE SIEMPRE SE TE ANTOJA DISTINTA Y SIEMPRE QUIERES COMPARTIR.

EPÍLOGO

Lo más importante en un cómic es lo que no se dibuja. La magia de la narración secuencial reside en que en ese espacio entre viñeta y viñeta, llamado calle o *gutter*, podemos viajar en el espacio y en el tiempo con la participación activa del lector. *"El paseo en bicicleta"* es eso, la fusión de dos códigos, el texto y la imagen, el cómic y la poesía, Antón y yo.

A Antón y a mí nos unen tres pasiones: las sirenas, los unicornios y esta ciudad de Zaragoza a la que amamos sin medida aunque, a veces, no nos corresponda. Me persiguen las bicicletas, mi primer cómic fue Ciclocirco, un clown que viajaba por varios continentes sobre una máquina de dos ruedas y, creedme, no es fácil dibujar una bicicleta como tampoco lo es dibujar a alguien a quien quieres y admiras.

Mofletes, tras numerosos bocetos descubrí que el personaje de Antón solo era creíble cuando le dibujaba unos mofletes, entonces pasaba de ser un tipo corriente con barba y gafas a ser la persona que conocemos y a convertirse en un personaje ilustrado y reconocicble. Durante todo el cómic Antón lleva la misma ropa, sí, es un truco de los dibujantes para que se reconozca a los personajes, pero también es un símbolo, lleva una camiseta con tres rayas que son el presente, el pasado y el futuro. Mi oficio es engañaros con la línea, el texto y la perspectiva.

Este libro está repleto de dedicatorias y homenajes, podréis encontrar pinturas de Goya, relojes derretidos de Dalí, el París de Manet, una venus ciclista de Botticelli, esculturas de Gargallo, Buñuel, un spiderman de Romita y algún que otro secreto oculto entre líneas. Hay también mujeres y algunas sirenas, todas las que hemos amado y algunas que no lo saben ni lo sabrán, en eso Antón y yo también coincidimos, en contemplar la belleza y en esos enamoramientos fugaces e instantáneos. Y perros, gatos, patos, mariposas, cabras, aves y caballos, y, por supuesto, también un unicornio, que se pasean por estas páginas a su antojo.

Dibujamos para contar historias, para conocernos y para conocer a otros. He aprendido mucho con este trabajo, he tenido que documentarme y buscar referencias, viajar en bicicleta con los Curie, cantar con los Beatles, explorar selvas y fantasmas con Horacio Quiroga, morir fusilado con Ramón Acín, tener tigres en el sueño, evitar enamorarme de Nico, perder el Tour por ocho puñeteros segundos con Fignon y ser otro, ser Antón Castro ahora, en el pasado y en el futuro.

Pasar páginas de un cómic es como pedalear en una bicicleta, dicen que nunca se olvida, si vais en bici por mi ciudad decidle que ella también es protagonista en este paseo.

Josema Carrasco

AGRADECIMIENTOS

El paseo en bicicleta empezó a escribirse en pleno verano de 2010 a raíz de un encuentro azaroso con Víctor Juan y su hijo Guillermo a orillas del Canal Imperial de Aragón a su paso por Garrapinillos (Zaragoza). Desde entonces he recibido muchas cartas y muchas fotos de un montón de amigos: Vicente Almazán, Javier Burbano, Emilio Mateo, Antonio Ceruelo, Elías Moro Cuéllar, Kenia Celma, José Manuel Loshuertos, Enrique Flores, Fernando Sanmartín, José Garrido, Jaime González, José Antonio Duce, José Miguel Marco, Julio José Ordovás, Jan Puerta, Jacques Valat, Miguel Ángel Yusta, José Antonio Melendo, Beatriz Rodríguez, Leo Tena, Mariano Anós, Fernando Valls, Alberto Calvo, Josema Carrasco, Mariano Ibeas, Manuel Arribas, José Garrido, Ana Bande, Juanjo Blasco Panamá, Jesús Marchamalo, Gemma Pellicer, Félix Romeo, Víctor Juan Borroy, Jesús Juncosa, Juan Casamayor (que me envió Quiroga íntimo. Correspondencia. Diario de viaje a París, en la edición de Erika Martínez, que publicó Páginas de Espuma) o Enrique Murillo, que me recomendó la lectura de El ciclista (Los libros del lince) de Tim Krabbé, entre otros. Los sucesivos borradores del libro han tenido diversos lectores: Daniel Gascón y Aloma Rodríguez, en primer lugar, Manuel Pereira, Miguel Mena, Eduardo Laborda, Pepe Melero, Ignacio Escuín, Olga Bernad, Trinidad Ruiz-Marcellán y Ángel Guinda. A todos ellos, y algunos otros que ahora se me han extraviado en los túneles de la memoria, quiero agradecerles su apoyo: muchísimas gracias.

Antón Castro

El paseo en bicicleta empezó a dibujarse en 2021 por sugerencia de Antón Castro, lo borré y lo rehice varias veces hasta que en 2023 encontré la línea y el estilo que el texto se merecía. Han sido de gran ayuda y han servido de inspiración: Carolina Giménez, Marta Martínez, Trinidad Ruíz Marcellán, Azu Gascón, Cristóbal Vila, Julio Gracia, Ana Asión, Antonio Altarriba, Rafa Marrón, Luís Alfonso Navarro, Elena Moreno, Antonio Tausiet y varias personas más que ahora mismo no logro recordar, aún así: muchas gracias por ser parte de estas viñetas.

Josema Carrasco

NOTAS BIOBIBLIOGRÁFICAS

Antón Castro (Santa Mariña de Lañas, Arteixo, A Coruña, 1959) es escritor y periodista. Durante siete años dirigió los Encuentros Literarios de Albarracín y ha sido el comisario de la exposición del 75 aniversario del Real Zaragoza: *Los años magníficos*. Para Olifante ha traducido a Xosé María Álvarez Cáccamo y José Agostinho Baptista. Es autor de más de más de 40 de libros, entre ellos los libros de narrativa *El álbum del solitario* (Destino, 1999), *Golpes de mar* (Destino, 2006; Ediciones del Viento, 2017), *Fotografías veladas* (Xordica, 2008), *El testamento de amor de Patricio Julve* (Destino, 1995, 2000; Xordica, 2010). Es autor de varios poemarios: *Vivir del aire* (Olifante, 2010), *El paseo en bicicleta.* (Olifante, 2011), que da lugar a este cómic, *El musgo del bosque* (PUZ, 2016) o *El cazador de ángeles* (Olifante, 2021). Su novela *Cariñena* (Pregunta, 2018) ha sido llevada al cine por Javier Calvo. Coordina el suplemento 'Artes & Letras' de *Heraldo de Aragón* desde 2002, y ha dirigido el programa cultural *Borradores* (2006-2012) en Aragón Televisión y ha conducido 29 programas en las cuatro temporadas de *Sin cobertura*, de Javier Calvo. En 2013 recibió el Premio Nacional de Periodismo Cultural; el 2021, el Labordeta de Comunicación y en 2022 el Premio Pilar Narvión.

Josema Carrasco (Zaragoza, 1969) es ilustrador y diseñador gráfico, trabaja para agencias de publicidad y como freelance. Ha dibujado el primer volumen de *Fantasmagoría*, y también la serie de cómics *Ciclocirco*. Premio al autor revelación por votación popular en el 29 Salón del Cómic de Barcelona 2010 y nominado como mejor dibujo y mejor cómic en el Salón del Cómic de Zaragoza de 2011. En 2106 publicó *Mapa de besos* un liricómic con poemas y canciones de Ángel Petisme. Trinidad Ruíz Marcellán edita en Olifante, *Espectral. Cómic* (Olifante 2018) un cómic con poemas de Ángel Guinda y *Lili y la corza* (Olifante 2020) un cómic que rememora el 150 aniversario de la muerte de Gustavo Adolfo Bécquer. Algunos de sus trabajos se venden como imágenes de stock en varias agencias internacionales de ilustradores. También participa en numerosas exposiciones, fanzines y proyectos colectivos y además imparte cursos, talleres y charlas de cómic junto a Marta Martínez. Como poeta ha publicado *La felicidad, cariño, es para malgastarla* (Olifante 2019).

En esta edición se empleó papel Chromomat de 150 g/m² y cartulina Invercote Creato mate de 240 g/m².
Se utilizó la tipografía Palatino, en los cuerpos 10, 11 y 12.

El paseo en bicicleta
Antón Castro y Josema Carrasco

Se acabó de imprimir el 1 de marzo de 2024
en los Talleres Editoriales Cometa, de Zaragoza,
cuidando el proceso técnico Albertina Lisbona.
Encuadernado por Encuadernaciones Raga, S.A.

TÍTULOS DE LA COLECCIÓN

DEMIAN ORTIZ, *Perdidos. Un lugar para encontrar (90 Disparos fotográficos a la literatura española).*

FRANK PALACIOS Y JOSEMA CARRASCO, *Lili y la corza. Basado en el relato «La corza blanca», de Gustavo Adolfo Bécquer.*

ÁNGEL GUINDA Y JOSEMA CARRASCO, *Espeutral. Cómic.*

ANTÓN CASTRO Y JOSEMA CARRASCO, *El paseo en bicicleta.*